国家自然科学基金，"政产学研金"协同创新下
知识流动力学模型及制度建设 (71271119)

国家自然科学基金，跨界隐性知识的协同效应
对颠覆式创新绩效的影响研究 (71471091)

国家社会科学基金一般项目，基于ＴＲＩＺ理论的
社会冲突预警模型与解决机制研究 (13BGL33)

基于TRIZ的企业— 大学知识链冲突管理研究

杨红燕 / 著

JIYU TRIZ DE QIYE—DAXUE
ZHISHILIAN
CHONGTU GUANLI
YANJIU

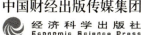

中国财经出版传媒集团

经济科学出版社
Economic Science Press

图书在版编目（CIP）数据

基于 TRIZ 的企业：大学知识链冲突管理研究/杨红燕著.
—北京：经济科学出版社，2017. 11
ISBN 978 - 7 - 5141 - 8700 - 7

Ⅰ. ①基⋯　Ⅱ. ①杨⋯　Ⅲ. ①高等学校 - 产学合作 -
研究 - 中国　Ⅳ. ①G640

中国版本图书馆 CIP 数据核字（2017）第 285021 号

责任编辑：李　雪
责任校对：王苗苗
责任印制：邱　天

基于 TRIZ 的企业—大学知识链冲突管理研究

杨红燕　著

经济科学出版社出版、发行　新华书店经销
社址：北京市海淀区阜成路甲 28 号　邮编：100142
总编部电话：010 - 88191217　发行部电话：010 - 88191522
网址：www. esp. com. cn
电子邮件：esp@ esp. com. cn
天猫网店：经济科学出版社旗舰店
网址：http://jjkxcbs. tmall. com
固安华明印业有限公司印装
710×1000　16 开　14 印张　220000 字
2017 年 11 月第 1 版　2017 年 11 月第 1 次印刷
ISBN 978 - 7 - 5141 - 8700 - 7　定价：48.00 元
（图书出现印装问题，本社负责调换。电话：010 - 88191510）
（版权所有　侵权必究　举报电话：010 - 88191586
电子邮箱：dbts@ esp. com. cn）

前　　言

　　进入知识经济时代，创新得到了全世界的重视，中国将创新放在国家发展全局的核心位置，并实施了创新驱动发展战略。中国经济发展新常态下，创新成为中国经济发展的最主要的驱动力，创新理论的发展为中国企业的创新实践提供了指导。创新背后最关键的是知识，知识的获取、知识的消化吸收、知识的整合和创造。在当今知识快速更新的时代，企业为了能在日趋激烈的竞争中立于不败之地，能在瞬息变化的市场中分得一杯羹，必须要获取外部的知识，而大学是企业的一个重要的外部知识源，然而自企业—大学知识链组建之日起，两组织之间的冲突便相伴而生，这种冲突是企业和大学两组织之间由于不同的行为、目标或者文化以及不对称的能力积累到一定阶段产生的一种不和谐状态。这种不和谐状态会使企业和大学对知识链的组建不满意、没有重新组建的意图或者干脆直接停止知识链运行。

　　企业是国家的创新主体，企业创新能力的提升代表了一国的创新水平，由于中国的特殊情况，大部分的科研资源进入高校和科研机构，因此能否有效管理企业—大学知识链冲突，对于企业乃至国家都至关重要。

　　我有幸从研究生阶段开始从事创新管理领域的研究，本书是我的博士论文的拓展。本书的主要内容有6章，应用萃智理论解决和管理企业和大学在各种合作过程中产生的冲突。本书的形成感谢西南交通大学陈光和王永杰教授、四川大学顾新教授、苏州科技大学施琴芬研究员、重庆工商大学吴绍波副教授的精心指导，也非常感谢师门和团队成员的各种修改建议。

杨红燕

2017 年 10 月 1 日

目 录

contents

| 1 |
绪　　论

1.1　论题的提出及选题意义

　　21 世纪，知识的重要性有目共睹，知识已经成为经济增长最重要的内生变量，也成为组织间相互争夺的关键性资源[①]。从 20 世纪中期开始，人们起初对于经济的快速增长疑惑不解，找不到过去促进经济成倍增长的关键要素。保罗·罗默 1986 年的论文《递增收益与长期增长》以及 1988 年卢卡斯的《论经济发展机制》为我们解开了经济增长背后的秘密[②]，从此，知识从经济增长的外生变量转变为经济增长的内生变量，土地、机器、厂房、资本决定经济增长的时代已经过去。从 20 世纪初到 20 世纪末全球经济总规模（GNP 总值）增长了 20 多倍，由 1 万多亿美元增加到近 30 万亿美元。而在这全球经济高速增长中，科技进步或知识的贡献已由 20 世纪初的 5% 左右上升到 20 世纪末的 60% ～70%，科技进步或知识已成为一个国家富强的源泉，成为人类文明的主要动力和源泉[③]。然而，在这个知识爆炸的时代，每个人、每个企业拥有的知识量仅占全社会总体知识量的微不足道的一部分。企业为了能在这日趋激烈的竞争中立于不败之地，能在瞬息

---

① 安世虎. 组织内部知识共享研究 [M]. 北京：中国财政经济出版社，2008.
② 朱勇，吴易风. 技术进步与经济的内生增长—新增长理论发展评述 [J]. 中国社会科学，1999（1）：21 - 2.
③ 张润彤，蓝天. 知识管理导论 [M]. 北京：北京高等教育出版社，2005.

变化的市场中分得一杯羹，必须要获取外部的知识，寻求与大学、科研机构、供应商、客户甚至竞争对手的合作，提高企业的创新能力，最终提高企业的核心竞争力。企业在与其他机构合作的过程中，促进了知识的流动，形成了知识链。

本书研究的知识链采用顾新[①]等人的概念："以企业为创新的核心主体，以实现知识共享和知识创造为目的，通过知识在参与创新活动的不同组织之间流动而形成的链式结构。"

企业—大学知识链是指以企业为创新的核心主体，以实现知识共享和知识创造为目的，通过知识在企业与大学之间的流动而形成的链式结构。比如企业和大学在技术转让、专利许可、合作研究、孵化器等形式下由于知识的流动而形成企业—大学知识链。知识链的形式很多，但是产学研是发展的大趋势[②]。大学储存着大量的基础知识和理论知识，也是大量科学工作者聚集的地方。大学是企业创新的主要知识来源，即使是具有自己的研究开发团队的大型公司在进行研究开发时也需要同大学合作，这是因为在国际市场竞争日趋激烈，知识更新日新月异，研究开发周期越来越短的当今，完全依靠企业自身的力量完成创新是不可能的，因此企业选择与大学合作是经济发展的必然结果。企业—大学知识链是一种特殊的知识链，构成主体为企业和大学，之所以特殊，是因为在所有知识链中，企业和大学是两种历史、文化背景下产生的组织，其制度和文化都存在巨大差别，比起企业—企业知识链，这种知识链管理存在更大的难度，更大的挑战性，同时更需要进行深入研究。国内外有不少文献资料对企业与大学的知识流动进行探讨，但还没有文献从企业—大学知识链的角度进行深入分析。知识流动是知识链的基础，知识链是知识流动的结果。知识链的本质是知识流动，但知识链也强调的是一种合作伙伴关系，除了知识流动外，还有知识共享、知识创新等活动。

自企业—大学知识链组建之日起，两组织之间的冲突便相伴而生。在企业—大学知识链的运行过程中，知识流动与知识共享涉及不同的组织、部门和个人，由于不同主体的差异性，知识链组织之间不可避免会发生各

---

①② 顾新. 知识链管理—基于生命周期的组织之间知识链管理框架模型研究 [M]. 成都：四川大学出版社，2008.

种各样的冲突,这种冲突是两组织关系不协调的结果,表现为组织之间的不同意见、负面情绪和行为对抗①②。矛盾是冲突的载体,冲突是矛盾的一种表现形式,冲突有从潜在对立到行为对抗等不同程度的表现形式。冲突也有可能是由于冲突各方在各个环节上的客观实际情况引起的,与感知、情感等人的因素无关,如企业消化、吸收再应用知识的能力差等。因此,本书把企业—大学知识链冲突定义为:企业和大学两组织之间由于不同的行为、目标或者文化以及不对称的能力所产生的矛盾积累到一定程度所表现出的一种不和谐状态。这种不和谐的状态会使企业和大学对知识链的组建不满意、没有重新组建的意图或者干脆直接停止知识链运行。企业—大学知识链冲突产生的原因有:(1)企业和大学的价值观不同,企业实现的是商业价值,追求利润最大化,而大学实现的是社会价值,为社会增加知识。(2)企业需要知识专有化,而大学希望实现知识的公有化。(3)企业和大学的组织结构、制度和文化都有很大的差别。(4)知识流动过程中,由于传递能力和接受消化能力的不同也会产生冲突。(5)知识流动过程中,信息、数据等的改变和扭曲也会产生冲突。

我国科技成果转化率极低,一个很重要的原因就是产学合作过程中产生的矛盾冲突。有效管理这种矛盾冲突,是企业—大学知识链运行顺畅的必要条件。纵观知识管理、冲突管理、企业和学校合作三个领域,只有冲突管理中的冲突分析方法是进行冲突预测和冲突解决的方法。这种方法采用的是局势分析法,求全局稳定下各方所采取的行动,根据这些令局中人都满意的行动进行冲突预测和冲突解决,显然,此方法局限于与人相关的冲突。企业—大学知识链冲突既有人的因素的冲突也有客观限制性条件引起的矛盾、"瓶颈"等物的因素的冲突。因此,要进行有效的企业—大学知识链冲突管理,必须寻找一种既实际又容易掌握的管理方法,同时能对人、物引起的冲突进行分析。

发明问题解决理论(TRIZ)是一种基于辩证思想的冲突解决方法,它有哲学层、方法层和工具层三个层次,方法层和工具层是在哲学层的基础

---

① 顾新,吴绍波,全力. 知识链组织之间的冲突与冲突管理研究 [M]. 成都:四川大学出版社,2011.

② 杜宇. 冲突管理研究中的冲突定义 [J]. 技术经济与管理研究,2006 (5):71-2.

上建立起来的。萃智（TRIZ）认为，创新就是不断解决冲突的过程。萃智系统创新方法不是针对某个具体领域、具体机构或者具体过程，而是指出问题求解的一般过程，指明问题解的探索方向，供人们思考。它是经验基础上的集成，是一种知识库。萃智方法有如下特点：第一，这种方法的基础思想是看在其他时间、其他领域与自己相似问题的有效解决方法是否适合自己使用；第二，萃智是一种系统创新方法，建立在双赢的基础上，是赢—赢，而不是赢—输，更不是输—输；第三，此方法是要找到根源性问题所在，要彻底消除矛盾，而不是采用妥协或者折中的方法；第四，萃智的冲突解决是建立在双赢基础上的一种冲突解决方法；第五，能够利用萃智系统创新方法解决的冲突既可以是人引起的，也可以是物引起的。萃智系统创新方法由许多既独立又相互联系的工具和方法构成。这些工具和方法由问题定义工具与方法和问题解决工具与方法两部分构成。因此，萃智系统创新方法为企业—大学知识链冲突管理工具和方法的建立提供了思路和依据，只有拥有了这些管理工具和方法，才能对企业—大学知识链上出现的冲突进行有效管理。

鉴于以上背景和现实意义，本书提出基于萃智的企业—大学知识链冲突管理研究这个课题，建立基于萃智的企业—大学知识链冲突管理理论体系，这个体系包括企业—大学知识链冲突问题定义工具、企业—大学知识链冲突解决工具及冲突解决原理知识库。

1.2　国内外研究现状与评述

本研究是针对企业—大学知识链上的问题和冲突，利用基于萃智创新方法建立的工具加以解决和管理，因此，是一个交叉学科的研究，涉及的领域有：校企合作、冲突管理、创新管理、知识管理。国内外的研究现状和评述就是围绕这些相关领域展开。

1.2.1　与企业—大学知识链冲突相关的文献研究综述

企业—大学知识链强调知识在企业和大学两个创新主体之间的流动而

形成的链式结构。要有知识流动，就必须有合作，因此，企业—大学知识链上的冲突与管理，也是企业和大学合作过程中产生的问题、冲突、对策和管理。关于企业和大学合作的研究文献很丰富，主要包括企业和大学合作的优势和成本、企业和大学的互动、大学扮演的角色、企业和大学合作的形式、影响企业和大学合作的因素、企业和大学合作的政策等。本书的研究综述集中在企业和大学合作中存在的问题、对策以及促进企业—大学关系成功的影响因素等相关文献。

对"产学研合作"的研究在国外比较早，在我国，虽然可以追溯到"两弹一星"时期，但是受到广泛关注是始于 20 世纪 90 年代，这是因为，在 1992 年，国家经贸委、国家教育部、中国科学院共同组织实施了"产学研联合开发工程"。

（1）问题及对策

大学和企业的合作方式有很多种，比如，科学家作为私人企业正式支付工资的顾问；在一家科学家本人是老板、合作者或者员工的企业工作（P. Craig Boardman，2008）[1]，学生也是大学和企业的纽带，学生可以把知识的创新、利用和扩散直接从大学进入创新源头，同时学生也可以进入企业获得第一手的材料数据（Sandra Meredith & Martha Burkle，2008）[2]。大学和企业可以进行技术转移，大学的技术转移有两个层次：第一个层次是，基于个人的直接联系，科学家或者大学老师与商业或者管理合作者之间的直接联系，这是非机构化转移活动；第二个层次是，学院与商业或者工业组织的合作，或者是通过大学或者学院的特殊组织——技术转移办公室或技术转移局来实现与商业的对接（Allesch，1990）[3]，研究联盟（中国大陆叫公共技术平台）可以促进技术转移（Cyril Qiang Xu & Renyong Chi，

① BOARDMAN P C. Beyond the stars: the impact of affiliation with university biotechnology centers on the industrial involvement of university scientists [J]. Technocation, 2008, 28: 291 - 297.

② MEREDITH S, BURKLE M. Building Bridges Between University and Industry: Theory and Practice [J]. Education + Training, 2008, 50 (3): 199 - 215.

③ ALLESCH J. A Holistic Approach to Technology Transfer; proceedings of the The First International Forum on Technology Management, F, 1990 [C].

2009)①。如果技术转移想要成功商业化，71% 的发明需要学者进一步参与，48% 的想法只是在概念阶段，29% 的发明具有实验室试验成功的蓝本和 8% 的发明处于生产可行性阶段（Brent Goldfarb & Magnus Henrekson, 2003)②。另外信息很可能通过个人、非正式网络传递到中小企业手中（Faulkner and Senker, 1995)③。

企业和大学在合作过程中，知识产权、信息传播限制以及专有知识保护是一个非常重要的问题（Hendry et al. , 1997④，周竺、黄瑞华, 2004⑤）；吸收能力也很重要，吸收能力与学习双方的知识背景、知识处理系统和知识的商业化目标有关（Lane & Lubatkin, 1998)⑥；价值冲突也是学者们所关注的（Wu, 2000)⑦，企业总是要求对发明具有唯一特权，而大学的希望是知识能够扩散（Elisa Giuliani and Valeria Arza, 2009)⑧；缺乏相互信任、不熟悉合作者的目标以及合作者之间的空间距离是三个一般的合作障碍（Gils M. V. et al. , 2009)⑨；复杂性增加、自治权丧失、信息不对称以及在科研上的不同特征表现，如对 R&D 的关注、基本原理、目标、特性、组织框架、评价、时间安排、赞誉等问题也会在合作中出现（余雅

① XU Q, CHI R. Comparing R&D Consortia in Taiwan and the Chinese Mainland [J]. European Business Review, 2009, 21 (5)：481 –497.

② GOLDFARB B, HENREKSON M. Bottom-up versus top-down policies towards the commercialization of university intellectual property [J]. Research Policy, 2003, 32：639 –658.

③ FAULKNER W, SENKER J. Knowledge Frontiers：Public Research and Industrial Innovation in Biotechnology, Engineering Ceramics and Parallel Computing [M]. Oxford：Clarendon Press, 1995.

④ HENDRY C, BROWN J, DEFILLIPPI R. the Role of Government, University and Research Centres in Fostering Innovations in SMEs：A Three Country Study of OPTO – Electronics [M]. 27th European Small Business Seminar. Rhodes, 1997：76 – 88.

⑤ 周竺，黄瑞华. 产学院合作中的知识产权冲突及协调 [J]. 研究与发展管理, 2004, 16 (1)：90 – 4.

⑥ PETER J L, MICHAEL L. Relative Absorptive Capacity and Interorganizational Learning [J]. Strategic Management Journal, 1998 (19)：461 –477.

⑦ F. – S. VINCENT W. An empirical study of university-industry research cooperation-the case of Taiwan [C]. The workshop of the OECD – NIS Focus on Innovation Firm and Networks. Rome, 2000.

⑧ CHRISTIAN R Q. Knowledge flows through social networks in a Cluster：comparing university and industry links [J]. Structural Change and Economic Dynamics, 2009, 20：196 –210.

⑨ GILS M V, VISSERS G, WIT J D. Selecting the right channel for knowledge transfer between industry and science consider the R&D – Activity [J]. European Journal of Innovation Management, 2009, 12 (4)：492 –511.

风，叶茂林，2003)^①；还会出现公共与个人知识之间的冲突以及知识产权和大学管理的冲突（Johan Brunnel, et al., 2010)；另外还会出现产学研项目问题（项目本身很好，却不是企业所需要的项目；项目虽然有广阔的前景，但不是一个完善的项目，实现商品化的难度很大；项目从科研角度出发而非市场角度出发等)、经济环境与体制制约问题、政策导向作用不明显、驱动机制不完善（企业注重短期见效快的项目，而大学注重对学术发展有益的项目，大学的考核机制停留在对实验成果和科技论文的发表上，而不是与产学相关的活动)、约束机制不健全（知识产权实施不力，大学、科研机构的利益得不到保障）等问题（马静，2010)^②。

关于对策，有学者认为知识产权政策是促进企业和大学长期合作的关键因素（Rick Welsh et al., 2008)^③，克服企业和大学合作中出现的知识产权、知识专有化等问题，要用中介，而不是直接建立两边关系（Estime et al., 1993)^④，无论是大学老师还是大学拥有专利，对于专利的商业化都没有影响（Gustavo A. Crespia et al., 2010)^⑤。依赖外部支持的学者，将会高估与企业合作的回报，低估成本，这是因为，他们要为他们的行为以及选择赞助商寻找合理的理由；那些不依赖外部支持的学者，更倾向于选择喜欢的赞助商（Ronit Bogler, 1994)^⑥。学者应该扮演的角色有两种：第一种是学者的研究应该与商业实践有更多相关性，所以学者的研究不能只跟学

---

① 余雅风. U/I 协同学习—创新系统的要素及其函数关系模型 [J]. 系统工程，2003（2）：34 - 8.

② 马静. 产—学—研合作模式存在的问题及策略探讨 [J]. 西安科技大学学报，2010，30（5）：633 - 6.

③ WELSH R, GLENNA L, LACY W, et al. Close enough but not too far: Assessing the effects of university-industry research relationships and the rise of academic capitalism [J]. Research Policy, 2008, 37（10）: 1854 - 1864.

④ ESTIME M, DRIHON G, JULIEN P. Small and Medium - Sized Enterprises: Technology and Competitiveness [M]. Paris: OECD, 1993.

⑤ CRESPIA G A, GEUNAB A, NOMALERE Ö, et al. University IPRs and knowledge transfer: is university ownership more efficient? [J]. Economics of INnovation and New Technology, 2010, 19（7）: 627 - 48.

⑥ BOGLER R. University researchers' views of private industry-implications for educational administrators-academicians and the funding sources [J]. Journal of Educational Administration, 1994, 32（2）: 68 - 85.

术生涯的发表论文和著作相关，而且发表的论文都是市场实践者看不到的杂志；第二种是学术研究更多是由大众课税的资金资助，他们研究的课题更应该关注广泛的价值而不是市场实践（Paul R Baines & Ross Brennan，2009）[①]。科学工作者要平衡科学研究与短期项目，作为成员公司的技术窗口，用所有的形式和方式转移技术（Eliezer Geisler et al.，1991）[②]。由于大学收入的压力，不得不改变过去只重视同行评议的出版物，不关注商业化过程这种情况，并提出已经被证明行之有效的把学术导向的新产品概念（知识产权）商业化的企业和大学联盟过程。这个过程一方面要求，学术评估机构能努力和企业进行联合商业化研究；另一方面要求，企业能够和大学一起增加新产品开发。这样一方面，企业能够从新产品概念中获得潜在收益；另一方面大学能够把商业化过程中产生的新产品概念资本化，从而实现"双赢"局面（M Logar et al.，2001）[③]。企业和大学需要有能力意识到对方是提高自己竞争力的源泉（Biondo et al.，1995）[④]，如果把知识整合和吸收能力作为显性目标，可以提高企业—大学互动的能力（John Sparrow et al.，2009）[⑤]；对于商业价值和学术价值冲突如果存在良好的沟通方式，产学研之间的组织文化差异并不妨碍合作的发生（刘力，2001）[⑥]。

（2）影响冲突的因素

隐性知识比显性知识更难传递，在组织之间进行传递时，效果更差

① BAINES P R, BRENNAN R, GILL M, et al. Examining the Academic/ Commercial Divide In Marketing Research [J]. European Journal of Marketing, 2009, 43 (11/12): 1289 –99.

② GEISLER E, FURINO A, KIRESUK T J. Toward a Conceptual Model of Cooperative Research: Patterns of Development and Success in University – Industry Alliances [J]. IEEE Transactions On Engineering Management, 1991, 38 (2): 136 –45.

③ LOGAR C M, PONZURICK T G, SPEARS J R, et al. Commercializing Intellectual Property: A University – Industry Alliance for New Product Development [J]. Journal of Product &Brand Management, 2001, 10 (4): 206 –17.

④ BIONDO M, GRECO G, SANITA M. The Role of Universities in Developing Innovation in SMEs: An Experience of Co-operation in Reply to the Complexity of Innovation Processes [C]. Proceedings of the 25th European Small Business Seminar. Cyprus: F, 1995.

⑤ SPARROW J, TARKOWSKI K, LANCASTER N, et al. Evolving Knowledge Intergration and Absorptive Capacity Perspectives Upon University – Industry Interaction Within a University [J]. Education + Training, 2009, 51 (8/9): 648 –64.

⑥ 刘力. 产学研合作的历史考察及比较研究 [D]. 杭州：浙江大学，2001.

（Kogut and Zander，1993）[①]，因为隐性知识是个人的，具体情境的，保存在人的头脑中和数据库路径中（Johnson，1998）[②]，因此，难以形成和交流，同时显性知识可以用口头语和系统语言传递（Nonaka and Takeuchi，1995）[③]。隐性知识和显性知识是可以相互交换和转化的，即社会化模式（tacit to tacit）、外显化模式（tacit to explicit）、结合模式（explicit to explicit）以及内在化模式（explicit to tacit）（Nonaka and Konna，1998）[④]。知识转移对知识创造和企业绩效都很重要，有4个影响知识转移的因素，即信息和技术系统、学习策略、信任的文化以及灵活的结构和设计（Jo Rhodes & Richard Hung，2008）[⑤]。在7个促进知识创造的变量中，最重要的4个是：有远见的领导力、科学领域的多样性、跨学科整合行为和科学家的质量（Hollingsworth et al.，2000）[⑥]。环境因素对于知识创造也很重要，知识创造环境包括物理因素（钱、设备、地理距离、材料）、社会因素（团队氛围、团队组合、领导力、团队交流）、认知因素（组织、个人、认知的、商业化）和阶段因素（产生概念、建立联盟、意识到想法、转移和扩散）（Seven Hemlin，2009）。

非正式网络和交流对研究开发非常重要（Leenders et al.，2007）[⑦]，因

---

①　KOGUT B，ZANDER U. Knowledge of the Firm and the Evolutionary Theory of the Multinational Corportion［J］. journal of International Business Studies，1993，24（4）：625 – 45.

②　JOHNSON D E L. Knowledge Management is New Competitive Edge［J］. Healthcare Strategic Management 1998，16（7）：2 – 3.

③　NONAKA I. The Knowledge – Creating Company：How Japanese Companies Create the Dynamics of Innovation：How Japanese Companies Create the Dynamics of Innovation［M］. Oxford：Oxford university press，1995.

④　NONAKA I，KONNO N. The Concept of 'ba'：Buliding a Foundation for Knowledge Creation［J］. California Management Review，1998，40（3）：40 – 54.

⑤　RHODES J，HUNG R，LOK P，et al. Factors Influencing Organizational Knowledge Transfer：Implication for Corporate Performance［J］. Journal of Knowledge Management，2008，12（3）：84 – 100.

⑥　HOLLINGSWORTH R，HOLLINGSWORTH E J. Major Discoveries and Biomedical Research Organizations：Perspectives on Intergrated Structure and Cultures［M］//WEINGART P，STEHR N. Practicing Interdisciplinarity. Toronto：University of Toronto Press. 2000.

⑦　LEENDERS R T A J，ENGELEN J M L V，KRATZER J. Systematic Design Methods and the Creativ Performance of New Product Teams：Do They Contradict or Complement Each Other？［J］. Journal of Product Innovation Management，2007（24）：166 – 79.

为社会资本促进知识创造（Burt Hongarth et al.，2000）①。企业和大学合作中经常会碰到业务冲突，所以要建立企业—大学关系。企业—大学关系是指以创造相互价值为目的，促进创造力、观念、技术和人员扩散的企业和大学之间的信任、承诺和相互关系。要促使企业和大学关系成功就需要双方的信任和承诺，而这种信任和承诺很大程度上来自于"核心人物"的参与和经验（是指熟悉对方的环境）（Carolin Plewa & Pascale Quester，2007）②。影响企业和大学成功关系的公共因素有：信任、承诺和整合（个人参与）；影响这些特征的因素有：个人经验和组织通用性（文化视角），个人经验是指对合作者环境的熟悉，不同于具有更一般概念的"核心人物"，核心人物可能还强调他们能促使关系和睦的能力（Carolin Plewa & Pascale Quester，2007）③。通过集群，知识可以在企业和当地大学的个人之间的社会网络中进行流动，获得难以编码化的知识对于创新非常重要，这种知识的获得需要近距离的非正式的接触，地理距离、吸收能力以及社会距离都会影响知识流动（Christian R Qstergaard，2009）④。

组织条件（组织文化多样性、商业目标、组织结构）、技术的采用（ERP、ICT 和 ETP）、供应商关系管理、客户关系管理、隐性知识与显性知识以及相互转化都与冲突有一定的关系（Chuni Wu，2008）⑤。文化因素也会影响知识的创造和共享（Juan C. Rivera - Vazquez et al.，2009）⑥。大学具有根植于工业社区和服务于社区的文化使技术转移很顺畅（Moira H

①　BURT R S，HOGARTH R M，MICHAUD C. The Social Capital of French and American Managers [J]. Organization Science，2000（11）：123 –47.

②　PLEWA C，QUSTER P. A Dyadic Study of "Champions" in University – Industry Relationships [J]. Asia Pacific Journal of Marketing and Logistics，2007，20（2）：211 –26.

③　PLEWA C，QUSTER P. Key Drives of University – Industry Relationships：the Role of Organizational Compatibility and Personal Experience [J]. Journal of Service Marketing，2007，21（5）：370 –82.

④　CHRISTIAN R Q. Knowledge flows through social networks in a Cluster：comparing university and industry links [J]. Structural Change and Economic Dynamics，2009，20：196 –210.

⑤　WU C. Case Study – Knowledge Creation in a Supply Chain [J]. Supply Chain Management：An International Journal 2008，13（3）：241 –50.

⑥　RIVERA – VAZQUEZ J C，ORTIZ – FOURNIER L V，FLORES F R. Overcoming cultural barriers for innovation and knowledge sharing [J]. Journal Of Knowledge Management，2009，13（5）：257 –70.

Decter, 2009）[①]。

1.2.2　国内外管理冲突及冲突管理研究综述

冲突是一种无所不在的社会现象，冲突研究由来已久，冲突研究涉及政治学、社会学、经济学、心理学以及组织行为学。但是管理学对冲突的研究起步较晚，一般认为，国外管理学冲突研究起步于 20 世纪 60 年代。国内管理学界对冲突的研究起步更晚，首先是港台地区的一些学者对组织冲突的初步研究，中国学者从 20 世纪 80 年代开始翻译一些西方的冲突理论著作。20 世纪 90 年代，中国学者的一些初步论述才开始填补这方面的空白，这些论述散见在人力资源管理或者组织行为学的著作中，之后才逐渐有了关于组织冲突管理的论文。《企业组织冲突管理》被认为是中国研究组织冲突管理的第一本专著[②]。本研究综述主要侧重于探讨国内外管理学冲突研究。

从层次来分，管理学冲突研究分组织内冲突研究和组织之间冲突研究；从内容上来看，管理学冲突分为冲突定义、冲突原因、冲突层次结构、冲突结果、冲突分析以及冲突管理。

（1）冲突定义

迄今为止，学术界对冲突没有一个统一的定义，原因在于人们在研究冲突时，对冲突的成因、过程、结果、研究对象以及管理目标看法不同[③]。美国著名社会学家乔纳森·特纳认为，冲突论中一个争议最大的问题，就是冲突的定义问题。辞海中对冲突的定义为抵触、争执、争斗。达伦多夫指出冲突是争夺、竞争、争斗、紧张以及社会力量之间的明显的冲撞[④]。托

---

① DECTER M H. Comparative Review of UK – USA Industry – University Relationships [J]. Education + Training, 2009, 51 (8/9)：624 – 34.

② 王琦，杜永怡，席酉民. 组织冲突研究回顾与展望 [J]. 预测，2004，23 (3)：74 – 80，26.

③ 马新建. 冲突管理：基本理念与思维方法的研究 [J]. 大连理工大学学报（社会科学版），2002，23 (3)：19 – 25.

④ 尹学萍. "矛盾学说"与"冲突理论"相关问题比较研究 [J]. 华中理工大学学报（社科版），1996，4：8 – 11.

马斯（Thomas）指出，冲突是一方感到另一方损害了或打算损害自己利益时所开始的一个过程。只有存在冲突的时候，才会有自我意识和行为意识，也只有在这样的条件下，才会出现理智的行为（Afzalur Rahim，1992）①。冲突是一种过程，在这个过程中一方感知自己的利益受到另一方的反对或者消极影响（Wall & Callister，1995）②。冲突是一种始于一方感觉到另一方对自己关心的事情产生消极影响或将要产生消极影响的过程（Stephen Robbins，1997）③。从以上对冲突的定义可以看出，第一，冲突是一种对抗和斗争行为，冲突的外显行为强烈；第二，冲突的主体是人。马建新（2002）④ 从系统的冲突管理视野出发，以冲突内在矛盾运动状态为导向，以辩证唯物主义观点认识和剖析冲突，总结出五点冲突的本质内涵，他指出冲突的主体可以是组织、群体或个人，冲突的客体可以是利益、权力、资源、目标、方法、意见、价值观、感情、程序、信息、关系等。杜宇（2006）⑤ 从不同意、负面情感、恶意妨碍三个方面对冲突定义，并进行分类，共总结了冲突的 7 种定义。第一类冲突从不同意见角度对冲突定义，最常见的是任务冲突和认知冲突。这类冲突是工作导向的，紧紧围绕工作展开，由于组织成员对任务理解、策略寻求等方面存在不同意见而产生的。第二类冲突是从负面情感角度定义的。这类冲突表现为冲突各方在情感上不相容，有生气、紧张、不安、怨恨等情绪。第三类是从恶意妨碍视角探析的。冲突当事方故意采取的一种极端行为，目的是使冲突中的另一方处于不利的地位。第四类从不同意见和负面情感两方面考虑。因为这两类冲突对组织绩效产生截然相反的影响，因此学者们基本上没有把两者融合在一起进行研究。第五类从不同意见和恶意妨碍对冲突定义。这类冲突大多是从组织特性的层面展开。第六类从负面情感和恶意妨碍视角定义，认为冲突是组织成员之间不协调现象和互相斗争的行为。第七类从不同意见、

---

① RAHIM M A. Managing Conflict in Organization [M]. New York：Praeger Publisher，1992.

② WALL J A，JR，R C R. Conflict and its Management [J]. Journal of Management，1995，21（3）：515 – 58.

③ 罗宾斯. 组织行为学精要 [M]. 北京：机械工业出版社，2000.

④ 马新建. 冲突管理：基本理念与思维方法的研究 [J]. 大连理工大学学报（社会科学版），2002，23（3）：19 – 25.

⑤ 杜宇. 冲突管理研究中的冲突定义 [J]. 技术经济与管理研究，2006（5）：71 – 2.

负面情感和恶意妨碍三个方面来定义冲突。从以上对冲突的定义可以看出，研究者已经注意到冲突不一定全部都是强烈的外化行为，也有低层次的冲突，如不同意见、潜在的对立等。但是冲突依然是人的因素的冲突。

（2）冲突原因

虽然，对于冲突动因的理论及实证研究到目前为止，已经比较丰富了，但是对于冲突动因的分类始终没有统一，就如冲突定义一样，也是仁者见仁，智者见智。罗宾斯将冲突动因分为个人因素、结构和沟通三类[①]。有学者将冲突动因分为个人因素和个人间的因素两大类，将后者又分为认知、沟通、行为、结构、先前的交互行为五类（Wall & Canister, 1995）[②]。王琦、杜永怡、席酉民（2004）[③] 从个体特征、沟通、结构、权力和利益五个方面论述组织冲突的原因，并强调这五个方面并不是冲突原因分类，而是冲突原因的五个方面，因为它们之间没有清晰的界限，组织冲突产生往往是多重因素共同作用的结果。个体特征的研究包括个性（personality）、价值观（values）、个人目标（objects）和角色（role）。沟通是一种信息传递的过程、低水平的沟通往往造成冲突[④]。结构实际上是建立了一种组织成员之间的互依关系，认知差异、目标分歧或者互依关系限制了各方的行为、欲望或产出，冲突就会产生。权力实际上规定了组织成员在多大程度上占有稀缺资源或让稀缺资源为自己服务，所以权力斗争就会出现冲突[⑤]。组织利益包括个人利益、部门利益、小团体利益（非正式组织），有经济利益，也有非经济利益，如名誉、地位等。

（3）冲突层次结构

学术界对冲突层次的研究和划分相对来说是比较统一的。有人把冲突层次分为五个层次：个人冲突（personal），即发生在个人身上的冲突；人

---

① 罗宾斯. 组织行为学精要 [M]. 北京：机械工业出版社，2000.

② WALL J A, JR, R C R. Conflict and its Management [J]. Journal of Management, 1995, 21 (3): 515 – 58.

③ 王琦，杜永怡，席酉民. 组织冲突研究回顾与展望 [J]. 预测，2004, 23 (3): 74 – 80, 26.

④ PONDY L R. Organizational Conflict: Concepts and Models [J]. Administrative Science Quarterly, 1967, 12: 296 – 320.

⑤ BLALOCK H M, JR. Power and Conflict: Toward a General Theory [M]. Newbury Park: Sage, 1989.

际冲突（inter-personal），即人与人之间的冲突；群际之间的冲突（inter-group），即群体与群体之间的冲突或者说团队与团队之间的冲突；组织之间的冲突（inter-organizational），即组织与组织之间的冲突；国家和民族之间的冲突（international），即民族与民族、国家与国家之间的冲突。也有学者根据冲突主体及其相互作用对象的不同，把冲突层次分为个人层次、群体层次和组织层次①。个人层次冲突分为个人之间的冲突和个人内部的冲突；群体层次冲突分为群体之间的冲突和群体内部的冲突；组织层次冲突分为组织内部冲突和组织之间的冲突。马建新（2002）提出了组织冲突的各层次冲突的包容分类关系②。

（4）冲突管理

冲突管理方式是在微观层次上，冲突双方对冲突采取的具体的冲突管理策略，最早将冲突管理从关心人和关心任务两个维度把冲突管理方式分为五种类型：强迫（forcing）、问题解决（problem-solving）、分享（sharing）、退让（withdrawal）、安抚（smoothing）（Black & Mouton，1964）③。1976 年，托马斯从关心他人和关心自己两个维度进行分类④：竞争（competing）、合作（collaborating）、妥协（compromising）、逃避（avoiding）和宽容（accommodating）。后来，二维分类法再一次被进行修改，进一步丰富了二维视角（Rahim，Wall & Canister，1979）⑤。虽然，二维视角得到了深入的分析和探讨，但是从长远来说，我们需要跳出二维框架，试图向多维方向发展。王琦等（2004）⑥ 提出，关心自己、关心他人、关心组织的三维冲突管理构想。张勇、张玉忠和李宪印（2006）⑦ 从自身竞争力、对手

①② 马新建. 冲突管理：基本理念与思维方法的研究 ［J］. 大连理工大学学报（社会科学版），2002，23（3）：19 – 25.

③ BLAKE R，MOUTON J S. The Managerial Grid ［M］. Huston，TX：Gulf，1964.

④ THOMAS K W. Conflict and Conflict Management ［M］ //DUNNETTE M D，HOUGH L M. Handbook of Industrial and Organizational Psychology. Palo Alto：Consulting Psychologists Press，1976：889 – 935.

⑤ RAHIM M A，BONOMA T V. Managing organizational conflict：a model for diagnosis intervention ［J］. Psychological Reports，1979，44：1323 – 44.

⑥ 王琦，杜永怡，席酉民. 组织冲突研究回顾与展望 ［J］. 预测，2004，23（3）：74 – 80，26.

⑦ 张勇，张玉忠，李宪印. 跨国企业组织间冲突策略选择与案例研究 ［J］. 商业研究，2006，24（356）：89 – 93.

实力和生态环境三个维度论述跨国企业组织间冲突策略选择权变模型。顾新、全力等（2011）① 从关心自己、关心他人、冲突水平三维视角，探讨了知识链组织之间的冲突管理策略研究，引入第三方的冲突管理方式是指冲突涉及第三方利益或者在双方无法达成一致协议的情况下，引入第三方，进行调解或者仲裁。引入第三方虽然有利于冲突的解决，但是也存在一些弊端（Rubin，1994）②。因此，第三方的目的不在于，急于解决冲突，而是应该缓慢地给冲突双方灌输一种合作的、解决问题的态度（Deutsh，1990）③。张朋柱、方程和万百五（2002）④ 将组织内的冲突归为 3 种对策模型，构建了基于渴望紧张评价的对策仿真模型，用于分析在重复对策中，满足个体理性的前提条件下，如何产生合作与非合作行为以及个体理性与群体理性的相互作用。

（5）冲突分析方法及理论

冲突分析是将冲突视为一类独立的问题，加以系统地研究。冲突分析实际上是专门研究冲突性质问题的数学理论模型，把冲突问题抽象为数学问题，用数学手段加以研究。冲突研究早期，冲突问题只是被当作经典的非合作对策加以研究。因此，对策论是最早被用于解决冲突问题的理论，对后来的各种冲突研究方法都具有影响力。但是依据对策论对实际问题进行建模时，需要对各局中人都建立效用函数的报偿函数，这在现实情况中是非常困难的，因此它的实用性受到了局限。1971 年，霍华德（Howard）⑤ 在其名著《理性的悖论》（Paradoxes of Rationality）中建立了奠定冲突分析方法理论基础的元对策论（Metagame），它是一种反映冲突主要元素的灵活的符号表示方法⑥。元对策论采用的是局势分析方法，而不是对策论的策略

① 顾新，吴绍波，全力. 知识链组织之间的冲突与冲突管理研究 ［M］. 成都：四川大学出版社，2011.

② RUBIN J Z. Models of Conflict Management ［J］. Journal of Social Issues，1994，50：33 - 45.

③ DEUTSCH M. Sixty Years of Conflict ［J］. The International Journal of Conflict Management，1990，1：237 - 63.

④ 张朋柱，方程，万百五. 组织内冲突的重复对策模型 ［J］. 管理科学学报，2002，5（2）：6 - 13.

⑤ HOWARD N. Paradoxes of Rationality ［M］. Cambridge MA：MIT Press，1971.

⑥ 王晓明，王浣尘，陈明义. 社会系统中的冲突问题和分析方法研究 ［J］. 软科学，2002（2）：2 - 5，10.

分析方法，它在使用中，不需要给出定量条件，只需定性条件，这大大扩大了它的应用范围，但是它也有明显的缺陷，首先，计算时需要很多计算表格，当局中人个数和选择数目进一步扩大时，计算就会很烦琐，影响了实际应用性；其次，假定每个冲突参与人对所有参与人的结局喜好程度都相互了解，这在实际应用中很难做到。1979 年，F－H 分析方法①对元对策论进行了改进，使得它的分析计算和建模更加简化，模型的求解在一张计算表格内就可以完成，大大扩大了它的应用范围。1982 年，专著《动态非合作博弈理论》（Dynamic Noncooperative Game Theory）全面论述了微分对策（Basar & Olsder, 1982）②。微分对策是处理双方或多方连续动态对抗冲突、竞争的冲突决策分析方法。微分对策在有效解决军事冲突对抗、经济冲突对抗方面起到非常重要的作用。1984 年专著《冲突分析：模型与解法》（Conflict Analysis：Models and Resolutions）（Fraser & Hipel, 1984）③将基本模型推广到了多层次的误对策分析、动态模型与随机模型，合作性冲突与非合作性冲突问题等方面。这种冲突分析模型涉及局中人、局中人的选择、结局和偏好向量四个元素。局中人是指参与冲突的具有决策权的个人或者集团。个人或者集团必须具有独立的决策权，否则就算是直接的参与者，也不是局中人。局中人的选择是指局中人各自所采取的行动。每个行动都有采取或者不采取两种可能，用 1、0 表示。结局是对每个局中人的一种选择组合起来形成的状态称为一个结局。偏好向量是指局中人根据各自的价值观，对所有结局剔除从逻辑上看或者偏好上看不可能采取的结局后剩下的结局进行优劣顺序排序后的十进制数字序列④。局中人不一定要理智，但一定要有偏好规律。冲突分析的主要步骤是：第一、抽象出问题。对问题的背景及涉及的各个方面进行全面了解后对问题进行抽象。第二、冲突模型化。将冲突可用的一切信息形成系统的、结构化的表格形式。第

① HIPEL K W, FRASER N M. Solving Complex Conflicts [J]. IEEE Trans, 1979, 9 (12).

② BASAR T, OLSDER G J. Dynamic Noncooperative Game Theory [M]. London：Academic Press, 1982.

③ FRASER N M, HIPEL K M. Conflict Analysis：Models and Resolutions [M]. New York：North－Holland, 1984.

④ 王晓明，王浣尘，陈明义. 社会系统中的冲突问题和分析方法研究 [J]. 软科学, 2002 (2)：2－5, 10.

三、稳定性分析。进行稳定性分析，找出冲突全局稳定性情况下的可能解，即事态预测结果。稳定性分析的过程既是各自寻优的过程，也是相互协商的过程，因此，这个可能解包括了令局中人都满意的方案。冲突分析模型是静态模型，建立在某一时间上，如果时间点发生变化，局中人的偏好向量就会发生变化，那么就需要重新建模。1993 年，《相互影响的决策：冲突图论模型》（Interactive Decision Making：The Graph Model for Conflict Resolution）① 问世，进一步改善了冲突分析的图论模型，并提供了一套名为 GMCR 的冲突分析应用软件。我国对冲突分析理论的研究始于 20 世纪 80 年代末。王意冈、席酉民（1989）将冲突分析方法用于企事业事态预测中②。汪寿阳（1990）提出了冲突的权衡得失比较分析方法③。孟波（1991）提出了具有模糊偏好的冲突分析方法④。王意冈和汪应洛（1991）⑤ 强调对冲突的事前预测和事后分析的动态方法。周晓玲（1995）将冲突分析方法用于市场决策中⑥。蔡建峰、张识宇和薛建武（2004）将多维偏好分析技术与现有软对策模型相结合，在冲突分析中引入整体协调人，建立了一个二级递阶模型⑦。彭艳艳、王济干（2005）将冲突分析理论应用于我国企业劳资关系中，为我国劳资双方和平解决相互间的争端，提供更好的出路⑧。刘国新（2009）在冲突分析理论基础上，对产学研联盟组织之间的冲突稳定性进行评价，构建了产学研联盟冲突模型⑨。

---

① FANG L，HIPEL K W，KILGOUR D M. Interactive Decision Making：The Graph Model for Conflict Resolution ［M］. 1993.

② 王意冈，席酉民. 事态预测的冲突分析方法 ［J］. 预测，1989（2）：28 – 33.

③ 汪寿阳. 冲突分析的权衡比较法《科学决策与系统工程》［M］. 北京：中国科学技术出版社，1990.

④ 孟波. 具有模糊偏好信息韵冲突分析方法及应用 ［J］. 系统工程，1991，9（6）：36 – 41.

⑤ 王意冈，汪应洛. 冲突分析的动态方法及探讨 ［J］. 系统工程理论与实践，1991（4）：41 – 8.

⑥ 周晓玲. 冲突分析及其在市场决策中的应用 ［J］. 数理统计与管理，1995，14（6）：5 – 8.

⑦ 蔡建峰，张识宇，薛建武. 两级递阶软对策模型及其在冲突分析中的应用 ［J］. 系统工程，2004，22（4）：95 – 9.

⑧ 彭艳艳. 冲突分析理论在我国企业劳资关系中的应用 ［J］. 科技管理研究，2005（10）：115 – 7.

⑨ 刘国新，闫俊周. 产学研战略联盟的冲突模型分析 ［J］. 科技管理研究，2009（9）：417 – 9，3.

（6）组织之间的冲突管理

关于组织之间的冲突管理，主要涉及供应链企业之间的冲突管理、战略联盟企业之间的冲突管理、虚拟企业间的冲突管理以及组织之间的知识产权冲突管理。

胡永铨（2002）[①] 提出了企业实施战略联盟中遇到的文化冲突问题，并提出了解决文化冲突的具体策略。高阳和周伟（2003[②]）分析了虚拟企业组建和运作过程中的冲突问题，并建立了结合冲突预防和冲突解决方案的结构模型。胡继灵和方青（2004）[③] 分析了供应链企业间冲突的内涵、诱因和特性，具体论述了供应链企业间冲突处理的模式，提出了一些供应链企业间冲突处理的策略和方法。雷昊（2004）[④] 指出，供应链上企业间关系的不对称会引起各方权力的不平衡，权力冲突将导致供应链联盟关系的破裂。陈震红和董俊武（2004）[⑤] 探讨和分析了战略联盟伙伴之间的六大主要冲突原因以及冲突的类型和特征，并提出了破坏性冲突管理的适应性策略、联盟伙伴建设性冲突管理的激发性策略和已发冲突的反应性策略。林莉和周鹏飞（2004）[⑥] 认为，防止企业核心知识资产的外泄的有用方法是用整合的方法管理联盟冲突。袁健红和施建军（2004）[⑦] 指出，合作者之间存在的潜在冲突以及如何恰当地去处理冲突是技术联盟中的一个重要问题。周竺和黄瑞华（2004）[⑧] 指出，产学研合作中的知识产权冲突是影

[①] 胡永铨. 企业战略联盟中的文化冲突与管理策略 [J]. 科技进步与对策，2002（3）：9 – 11.

[②] 高阳，周伟. 虚拟企业冲突预防与消解的研究 [J]. 中南大学学报（社会科学版），2003，9（6）：805 – 8.

[③] 胡继灵，方青. 供应链企业冲突处理机制研究 [J]. 科技进步与对策，2004（2）：68 – 70.

[④] 雷昊. 供应链中的权力冲突分析 [J]. 科技进步与对策，2004（11）：68 – 9.

[⑤] 陈震红，董俊武. 战略联盟伙伴的冲突管理 [J]. 科学学与科学技术管理，2004（3）：106 – 9.

[⑥] 林莉，周鹏飞. 知识链中知识学习、冲突管理与关系资本 [J]. 科学学与科学技术管理，2004（4）：107 – 10.

[⑦] 袁健红，施建军. 技术联盟中的冲突、沟通与学习 [J]. 东南大学学报（哲学社会科学版），2004，6（4）：56 – 61.

[⑧] 周竺，黄瑞华. 产学院合作中的知识产权冲突及协调 [J]. 研究与发展管理，2004，16（1）：90 – 4.

响知识流动的一个很重要的因素。祁红梅和黄瑞华（2004）① 分析了动态联盟形成阶段知识产权冲突的内容以及产生的原因，并提出了基于契约、利益和信任的激励框架。苏世彬和黄瑞华（2005）② 利用冲突分析模型，从理论上论证了知识产权的专有性和知识共享性是引发冲突的必然条件。组织间知识链上的知识活动中存在的冲突，可以通过应用知识管理的冲突观，建立基于类型和性质的知识冲突两维框架（Chee Wee Tan et al.，2005）③。葛龙（2007）④ 详细分析了供应链中企业的冲突与合作，并构建了信息共享不合作系统，并阐述这种系统下供应商、制造商、销售商三者利益分配模型。刘慧敏（2007）⑤ 研究了虚拟科研团队中存在的不同类型的信任和冲突对于知识共享的影响。周晶晶（2007）⑥ 分析了虚拟企业的文化冲突，提出了文化整合的策略。单子丹（2008）⑦ 探讨了高技术虚拟企业之间的冲突，建立了高技术虚拟企业协商模型。冉茂瑜（2009）⑧ 从文化、制度、资金和渠道四个方面分析了我国科研合作的冲突动因。

1.2.3 TRIZ 研究文献综述

萃智在商业管理领域中的应用主要集中在参数的确定、40 条原理的解释、解决问题的流程以及案例应用分析。

---

① 祁红梅，黄瑞华. 动态联盟形成阶段知识产权冲突及激励对策研究［J］. 研究与发展管理，2004，16（4）：70 - 6.

② 苏世彬，黄瑞华. 合作联盟知识产权专有性与知识共享性的冲突研究［J］. 研究与发展管理，2005，17（5）：69 - 74，86.

③ TAN C W，PAN S L，LIM E T K，et al. Managing knowledge conflicts in an interorgnational project：a case study of the infocomm development autority of singapore［J］. Journal of the American Society for Information Science and Technology，2005，56911：1187 - 99.

④ 葛龙，李会民. 企业供应链管理中的冲突分析与合作联盟研究［J］. 生产力研究，2007，14：129 - 31.

⑤ 刘慧敏，王刊良，田军. 虚拟科研团队中的信任、冲突与知识共享关系研究［J］. 科学学与科学技术管理，2007，28（6）：159 - 63.

⑥ 周晶晶，龙君伟. 虚拟企业的文化冲突与共融［J］. 科学与管理，2007，27（10）：50 - 2.

⑦ 单子丹，高长元. 基于多主体多目标多阶段的高技术虚拟企业协商机制研究［J］. 现代管理科学，2008，12：69 - 71.

⑧ 冉茂瑜，顾新. 我国产学研合作冲突分析及管理［J］. 科技管理研究，2009，11：454 - 456.

在参数确定方面。萃智的 39 个技术参数虽然基于专利提出的，但是对于管理问题同样可以使用，具有对应性（AMKIT Aggarwal et al.，2005）[①]。在航空公司机场管理部简介 "Introduction in Airlines Airport Management Division" 这篇文章中，介绍了某航空公司在利用萃智的过程中，在 39 个技术参数中只选取 19 个技术参数作为事故预防问题的工程参数（TAKEMURA Masaya，2002）[②]。达雷尔·曼恩（Darrell Mann）[③] 在分析几百个双赢公司案例的基础上，提出了 31 个工程参数，形成双赢企业环境下的冲突矩阵。

40 条原理的解释。萃智大师们认为，阿奇舒勒的 40 条原理是为技术领域而设的，因此，还没有很全面的信息，但是他和他的同事们获得的数据和努力对于商业管理领域是非常有用的。大师们开始根据原有原理的思路，用一系列的例子来解释原理，并使其变为商业管理领域中解决问题的原理，为人们解决商业管理问题提供思路和一般解。他们认为，40 条原理除了适用于建筑、计算机软件、电子等领域外，还适用于商业、金融、服务、质量管理、供应链管理、社会、教育、营销等领域。在商业管理领域的 40 条原理同技术领域的 40 条原理有相似也有所不同。最先把萃智带入管理领域的人之一，达雷尔·曼恩（Darrell Mann）[④] 1999 年在《带有例子的商业管理环境中的 40 条发明原理》这篇文章中，用商业管理用语去解释 40 条发明原理，形成商业 40 条发明原理。他认为，40 条发明原理在管理和技术领域的最大不同，在于目前还没有一个商贸版本的矛盾矩阵帮助我们来筛选适合特定环境的原理，相似点在于，萃智本身就是长期努力工作的结果，所以可以刺激在商贸管理环境下的创新性思考。用原理 1 分割作一个说明，如表 1 - 1 所示。

① AMKIT A，SUNDEEP K，TUHINA S，et al. How the Celebrated TOYOTA Production System is a Triz Derivative [J/OL]. 2005，http：//www. triz-journal/archives/2005/12/06. pdf.

② TAKEMURA M. Triz Introduction in Airlines Airport Management Division [J/OL]. 2002，http：//www. triz-journal/archives/2002/07/c/index. htm.

③ MANN D. Systematic Win - Win Problem Solving in a Business Environment [J/OL]. 2002，http：// www. triz-journal. com/ archives/ 2002/ 05/ f/ index. htm.

④ MANN D. 40 Inventive（Business）Principles with Examples [J/OL]. 1999，http：//www. triz-journal/archives/1999/09/a/index. htm.

表 1－1　　　　　　　　**商业领域分割原理说明**

商业领域分割原理内容
A. 把一个事件分成独立的个体集
把一个组织分成不同的产品中心
自治的利润中心
对大项目实施工作明细表结构
特权出口
根据顾客偏好，把顾客的购买按形象、价值和满意度进行分割
卡诺表——分刺激、性能、初始产品属性参数
根据人口统计学、社会统计学、心理统计学、生命周期等进行市场分割
把管理阶段分割成施肥、播种、成熟阶段
SWOT 分析
复杂创新过程分八步
B. 使一个事件容易分解
灵活的养老金
在短期项目上雇用临时工
灵活制造系统
有标准组件的设备和办公室
集装箱出货
C. 提高分裂或者分割的程度
质量循环
决策思考的分割
远距离学习
虚拟办公室，远距离工作
相关分割，如高性能的小汽车等

1999 年，达雷尔·曼恩对大规模定制提出了五种解决方法，以及把这五种方法同 40 条原理相对应①。约翰（John）在一个比较宽泛的非技术领域中提出 40 条发明原理的解释②，其中分割原理的解释，如表 1－2 所示。

表 1－2　　　　　　　　　　　　非技术领域分割原理说明

非技术领域分割原理内容
A. 把一个事件分成独立的个体集
把教育学科分成小一个个小的单元
把一个复杂的任务分成一个个子任务
把一个大的项目分成一个个小项目分配给个体执行
B. 使一个事件容易分解
把产品设计成容易拆卸的以满足德国的再循环计划
C. 提高分裂或者分割的程度
用一系列原因和效应集来描述一个系统以便详尽地识别问题。十个描述代表一个问题

在质量管理领域中，也有 40 条原理的具体解释（Gennady Retseptor，2003）③。其中分割原理的解释如表 1－3 所示。

---

①　MANN D. Business Contradictions "Mass Customization" [J/OL]. 1999，http：//www. triz-journal. com/archives/1999/12/a/index. htm.

②　TERNINKO J. 40 Inventive Principles with Social Examples [J/OL]. 2001（6）：http：//www. triz-journal. com/ archives / 2001/06/ a/ index. htm.

③　RETSEPTOR G. 40 Inventive Principles in Quality Management [J/OL]. 2003，http：//www. triz-journal. com/archives/2003/03/a/01. pdf.

表 1 – 3   **质量管理领域分割原理说明**

质量管理领域分割原理内容
A. 把一个物体或者系统分成独立的个体集
质量系统元素集
定制市场—全面市场分割
自治的区域销售中心
四质量成本分类
持续改进的"5S"法
八部"8D"问题解决技巧
B. 使一个客体或者系统容易分解
项目团队
协作的工程队
程序改进和问题解决队伍
材料评论板
C. 提高分裂或者分割的程度
战略目标分成一个个战术目标
质量目标和目标部署
大规模定制——一个顾客就是一个市场
科学管理——把工作分成简单的可重复的任务
项目里程碑
为项目分解细目结构（PERT/Gantt）
质量成本细目分类
原因和结果图表
密切联系图表——把一个复杂的事件变成容易理解的分类和模式
树结构表
对产品的设计方案进行故障模式影响及危害度分析和故障树分析
帕累托图

在这篇文章后，2005 年，市场、销售和广告领域的例子也用来诠释 40 条发明原理（Gennady Retseptor，2005）①。2007 年，40 条发明原理被引入顾客满意领域，用顾客满意领域的例子和解释来诠释 40 条原理（Gennady Retseptor，2007）②。2008 年，新企业的生存之道 5 条规则：优先权、研究与发展、顾客、竞争者、供应商，同 40 条原理对应起来，每个规则中包括可以利用的若干条原理（Gennady Retseptor，2008）③。服务操作领域也提出了 40 条发明原理，发现经典萃智的大多数原理适用于服务操纵领域，但是，不是全部适用，比如说同质性原理，在服务领域很少用到，这是因为，由于无形性和顾客的参与性导致了服务的变动，一个顾客和另一顾客都有所不同（Jun Zhang，et al.，2003）④。这 40 条原理引入服务领域的一个尝试，并不是服务领域的一个专用性版本。专用性版本只有通过不同服务行业的不断实践和创新才能逐渐确定。通用版本分割原理说明如表 1 - 4 所示。

表 1 - 4 　　　　　　　　　服务操作领域分割原理说明

服务操作领域分割原理内容
A. 把一个物体或者系统分成独立的个体集
产品包可以分成几个组成部分：支撑设备、便利产品、内外服务
B. 使一个客体或者系统容易分解
根据顾客的需求、年龄和购买动机等把顾客分类。比如说联合汽车服务协会只做军官的汽车保险业务。批发商只做大批量投入、没有架子的那些人的生意
C. 提高分裂或者分割的程度
为了提高服务传递的效率，服务中心可以把服务分成不同类别，然后把它们做进自动电话回复系统中，这样缩短用户寻找合适咨询的时间

---

① RETSEPTOR G. 40 Inventive Principles in Marketing, Sales and Advertising [J/OL]. 2005 (4)：http：//www.triz-journal.com/archives/2005/04/01.pdf.

② RETSEPTOR G. INventive Principles in Customer Satisfaction Enhancement [J/OL]. 2007, http：//www.triz-journal.com/archives/2007/01/04/.

③ RETSEPTOR G. triz and 40 Business Survival Imperatives [J/OL]. 2008, http：//www.triz-journal.com/archives/2008/09/04/.

④ ZHANG J, CHAI K - H, TAN K - C. 40 Inventive Principles with Applications in Service OPerations Management [J/OL]. 2003 (12)：http：//www.triz-journal.com/archives/2003/12/d/04.pdf.

史蒂芬·杜尔松（Stephen Dourson）[1] 在 2004 年，把 40 条发明原理引入金融领域并给予了金融领域的例子和解释。根据概念不要被超出需要而繁殖的原则，他发现技术领域的 3 条原理，原理 18 机械振动、原理 29 气体力学和水力学以及原理 31 多孔渗水材料找不到金融领域匹配的例子，也找不到与潜在概念一致的合适的、宽泛的解释。9 条原理，他给予了金融领域的解释，并且把原来的名字放在括号里，其余的原理都匹配了例子，同时还提出了 3 条等效原理。他还指出，不应该随意添加特殊原理和合并原理，除非你有矛盾矩阵进行验证能解决实际的问题。

解决问题的流程及案例应用分析。在《TRIZ 在石化项目的供应链管理中的应用》一文中，以石油化工产业中的一个大公司为例，探讨供应链中所利用的解决问题的技巧与 40 条发明原理的对应性，这篇文章并没有一一对应，认为要把供应链的解决技巧同原理对应是件很困难的事情，并且指出，40 条原理用于商业中还不够成熟，因为案例有限，而 40 条原理是从 250 万专利中总结出来的（Reza Movarrei & Sara Rezaee Vessal，2007）[2]。在《萃智解决复杂的商业问题》一文中，利用一个供应链实际问题，采用最终理想解和 9 屏幕法分析和定义问题，找出问题的根本原因，然后确定冲突参数，利用矛盾矩阵，找出解决方法（Prakasan Kappoth，et al.，2008）[3]。

在效应方面，在《非技术领域问题解决的效应库》一文中指出在经典萃智理论中有效应库，是物理、化学等效应的集合。因此，在非技术领域，应该也建立一个效应库。从心理学、经济和管理领域中总结出了一个效应库，并以人的特性进行分类。这篇文章提出两个问题：第一，如何使得效应库被有效利用；第二，什么样的效应应该被纳入到效应库中。第一个问题的回答是把问题表述成一个功能模型。形式为改变（增

---

[1]　DOURSON S. The 40 Inventive Principles of TRIZ Applied to Finance [J/OL]. 2004 (10)：http：//www. triz-journal. com/archives/2004/10/.

[2]　MOVARREI R，VESSAL S R. Theory of Inventive Problem Solving TRIZ applied in Supply Chain Management of petrochemical project [J/OL]. 2007，http：//ieeexplore. ieee. org/stamp/stamp. jsp? arnumber = 04419467.

[3]　KAPPOTH P，MITTAL K，BALASUBRAMANIAN P. Case Study：Use TRIZ to Solve Complex Business Problems [J/OL]. 2008，http：//www. triz-journal. com/archives/2008/10/02/.

加或者减少）目标物体的某种特性，并且指出这种特性不能是一种性能参数，在技术领域，要用物理、化学等参数表达，在非技术领域要深层次一步步分析问题，直到问题本质。第二个问题的回答是这种效应必须是客观的，而非个人主观的，是经济和管理领域中的基本运行规律（Hongyul Yoon，2009）①。

在软件方面，具有专门用于解决商业管理领域问题的软件。系统创新公司（System Innovation）的创新萃智（CreaTRIZ 2.2）里面包含了 40 条商业领域的发明原理和问题模型形成板块，没有单独的专利库，同经典萃智的专利库相同②。

在构建商业管理领域的矛盾矩阵方面，《商业问题的系统聚类》这篇文章在分析统计 540 个案例的基础上建立了一个商业领域的矛盾矩阵，包括技术矛盾和物理矛盾。第一，用离差平方和法（Ward Linkage）的方法把 540 个案例分成 20 个聚类；第二，用聚类中心（K - Means）的方法把每个案例归类到聚类中；第三，利用达雷尔·曼恩提出的 31 个参数和第 32 栏的原理一级每个聚类中的案例构成一个 32 维的表。从这个表中得出一个概念，即主要参数，它指跟一个聚类中大多数案例都相关的参数，并且在这个表中根据每个案例的问题，依据经验用什么原理解决问题，得出第 32 栏的原理序列号（Number），据此把参数和原理对应起来。用同样的方法，把参数同物理矛盾原理对应起来。最终形成商业用途的矩阵表；第四，利用案例来应用（Junyoung Kim & Yongtae Park，2008）③。达雷尔·曼恩④在 2002 年提出了用于商业领域的矛盾矩阵，这个矩阵是对称的。并提出了矩阵提出的方法，方法就是首先聚集能够收集到的商业领域中的所有成功例子，其次抽象问题，找出矛盾的参数，最后分析成功例子所用的最有可能

---

① YOON H. Pointers to Effects for NON - technical Problem Solving［J/OL］. 2009，http：// www. triz-journal. com/archives/2009/03/03/.

② SLOCUM D M，DOMB E. Software Review：CreaTRIZ2. 2 and Crea TRIZ2. 2 for Business and Management［J/OL］. 2002，http：//www. triz-journal. com/archives/2002/03/g/index. htm.

③ KIM J，PARK Y. Systematic Clustering of Business Problems［J/OL］. 2008（12）：http：// www. triz-journal. com/archives/2008/12/03/.

④ MANN D. Systematic Win - Win Problem Solving in a Business Environment［J/OL］. 2002，ht-tp：//www. triz-journal. com/archives/2002/05/f/index. htm.

的原理。如此，在分析完所有的例子后，形成了一个矛盾矩阵。提出物理矛盾的分离原理同技术矛盾的原理的对应，并指出使用物理矛盾时必须找出问题最根本的矛盾，使用的方法是萃智系统操作工具的三维尺寸形式。总的来说，萃智在国外引入的商业和管理领域比较丰富，对 40 条发明原理的具体解释涉及了很多具体的商业管理领域；但是，对于矛盾矩阵的构建已经构建的方法研究比较少；利用萃智解决管理问题的流程的操作性不强。

在国内，由于起步比较晚，对萃智在管理领域应用的研究只是一种尝试，研究也比较零散，没有形成系统。雷大力（2006）[①] 在介绍萃智的基本原理和方法的基础上，居于 ARIZ 算法，把萃智引入软件管理项目中，通过软件管理项目中一个比较简单的问题和利用萃智解决了这个问题，来说明萃智方法可以全面引入软件管理。赵文燕、张换高和檀润华等（2008）[②] 提出，基于萃智解决问题的一般流程和六西格玛的 DMAIC 流程，提出一种萃智在管理流程优化中的应用流程—定义—转化—解决—改进—控制，并详细介绍每个阶段可以利用的萃智工具和管理工具。唐中君、陈荣秋和纪雪洪（2004）[③] 利用萃智的基本思想和方法对生产方式的创新机理和方法进行研究，提出生产方式创新模型。对物质—场分析的基础上进行推广得出的可视化的生产方式创新模型——"生产方式树"，最后用"丰田生产系统"为例进行检验。井辉和郇志坚（2005）[④] 在经典萃智解决创造性问题的基础上，提出利用萃智解决管理领域中的创造性问题的流程，并对流程的每个步骤做一个简单的介绍，操作性不是很强。田昕和任工昌（2006）[⑤] 利用已有的在管理领域中的 31 个技术参数和矛盾矩阵来解决调研中得出的供应链矛盾，即风险管理与要求预测，界面管理和信息流与信

① 雷大力. TRIZ 创新理论引入软件项目管理研究 [J]. 科技管理研究，2006（2）：107-9.

② 赵文燕，张换高，檀润华. TRIZ 在管理流程优化中的应用 [J]. 工程设计学报，2008（2）.

③ 唐中君，陈荣秋，纪雪洪. 基于 TRIZ 的生产方式创新模型研究 [J]. 管理评论，2004，16（10）：32-8，50.

④ 井辉，郇志坚. 基于 TRIZ 的复杂管理问题求解模式研究 [J]. 科学学与科学技术管理，2005（11）：155-8.

⑤ 田昕，任工昌. 基于 TRIZ 理论的管理系统冲突研究 [J]. 机械设计与制造，2006（11）：160-2.

息量之间的矛盾。梁文宾（2006）[①] 把萃智理论引入解决服务领域中的问题，把服务领域的属性与 39 个工程参数进行配适；用服务领域中的实例来解释 40 条发明原理，并构建冲突矩阵，并利用矛盾矩阵解决旅游业中的抱怨问题。总的来说，在国内，萃智在管理领域中的研究比较零散；操作性不强；对于技术参数和 40 条发明原理的研究基本上没有涉及，大多数是借鉴国外现有的研究；对管理问题解决流程有一些探讨和研究，但并不深入。

1.2.4　相关文献研究的不足

本研究是一个跨学科，交叉学科研究，涉及冲突管理、知识管理、校企合作以及萃智系统创新方法。纵观大量文献，冲突都是关于人的因素的冲突，冲突分析方法采用局势分析方法，也是针对人，人的选择而寻求一种稳定结构下各方的最终结局。那么针对物的冲突将如何解决呢？冲突结果的最终结局可能达成某种公平、公正的共识，但也有在你强我弱条件下所形成的一种不稳定的结果，这种结果必然再次导致冲突产生，因为这不是建立在双赢的基础上的。冲突策略的研究也只是在关心自己、关心他人的二维维度上建立的五种有限的、概括性的策略。只解决冲突行为是传统的解决方法，要真正解决冲突则要解决态度层面的冲突[②]，可见要挖其原因，对于稳定的结局所采取的策略如竞争、合作等太狭窄，对于不稳定的结局更需要寻找原因，建立在双赢基础上的策略，现有的文献没有这方面的研究。从企业和大学合作过程中出现的问题与对策的大量文献来看，文献都集中在冲突的一个或几个方面，没有全面地、具体地把这些冲突概括出来，至于对策方面，有些文献涉及了具体的实际知识流动过程中处理问题的一些方法，但是不够全面，有些文献只是概括性的建议，特别是国内的文献，更多是政策性的概括建议，这对企业和大学在解决实际问题中所起的作用不大。概括起来，相关文献有如下不足。

---

① 梁文宾. 基于 QFD 与 TRIZ 的服务创新方法研究 [D]. 天津：天津大学，2006.
② 杜宇. 冲突管理研究中的冲突定义 [J]. 技术经济与管理研究，2006（5）：71 - 2.

（1）冲突定义，只有人的冲突，无物的冲突。

（2）冲突管理策略太过狭窄，只有有限的几种概括性的策略。

（3）关于企业和大学合作的问题及对策的相关文献都只是探讨企业—大学合作过程中出现的某几个面和某几个点的问题与对策，没有全面叙述的文献。另外这些文献太过零散和概括，不够具体。

（4）针对企业和大学合作出现的问题，目前的研究文献只是探讨一些内容和影响因素，但没有给出具体的，全面的分析和管理方法。

（5）目前还没有从定义问题—分析问题—解决冲突—管理冲突—建立实用的知识库出发的系统的企业—大学知识链冲突管理理论和工具。

1.3 本书的研究目标与内容

1.3.1 本书的研究目标

本书的研究目标在于建立基于 TRIZ 系统创新方法的问题定义工具、参数、矛盾矩阵和知识库来管理企业—大学知识链冲突，以期能够丰富冲突管理、知识管理、校企合作以及系统创新方法领域的理论和实践知识，为企业和大学在进行合作时提供理论和实践的指导，促使企业—大学知识链上的知识流动顺畅，并能延长企业—大学知识链的生命周期。

1.3.2 本书的研究内容

本书在萃智理论基础上，建立企业—大学知识链冲突管理研究框架，具体内容如下。

第 1 章 绪论。本部分主要是提出本书的研究意义和背景、国内外文献综述、研究目标、研究方法和研究内容、主要创新点等。

第 2 章 TRIZ 系统创新方法及其适应性。这一章主要介绍本书将要利用的萃智相关理论，这些理论有萃智解题流程、最终理想解、参数、原理、技术矛盾、矛盾矩阵表以及科学现象与科学效应知识库，并指出萃智方法为什么适用于管理企业—大学知识链冲突，以及适用的条件。

第3章　基于 TRIZ 的企业—大学知识链冲突与冲突管理框架。本章在阅读大量文献的基础上，给出企业—大学知识链和企业—大学知识链冲突的定义、冲突的特征以及冲突的类型，并指出基于萃智的企业—大学知识链冲突管理研究框架。

第4章　企业—大学知识链冲突问题定义工具。建立问题定义工具的目的就在于挖掘冲突的本质，抓住冲突形成的根本原因是什么。本书在最终理想解（IFR）、故障树分析方法、冲突主体、冲突层次结构基础上建立企业—大学知识链冲突问题定义模型，并在确定冲突的同时能够识别冲突的主次。这部分的内容主要包括：（1）介绍最终理想解工具。最终理想解在企业—大学知识链冲突中的应用，最终理想解在问题定义时主要通过设计问题—回答来找出本质，本研究取最终理想解问题设计的前三个问题：理想解是什么？什么阻止实现这个理想解（就是一些障碍）？为什么会阻止（障碍的原因）？（2）介绍故障树分析方法。故障树分析方法就是逐步找出问题根本原因的一种方法，该方法从顶事件开始，逐步找寻原因，直到底事件为止，不需要再分析，底事件就是根本原因；（3）企业—大学知识链冲突涉及的主体分析和冲突层次结构分析；（4）利用最小割集的结构重要度对基本事件（改善的参数）的主次进行排序。

第5章　企业—大学知识链冲突参数。本章是建立表述萃智标准问题的参数。冲突原因和冲突过程二维模型确定 12 个参数，再加上文化、时间、收益 3 个参数，共计 15 个参数，并对企业—大学知识链冲突原因维度进行理论和实证分析。

第6章　企业—大学知识链冲突矛盾矩阵表。把校企合作的成功对策进行抽象，并与萃智工具的 40 条原理一一对应，用企业—大学知识链冲突领域的对策例子去阐释萃智原本的 40 条原理，形成企业—大学知识链冲突40 条原理，原理就是一个个解决方案。在模拟冲突情境下，使冲突参数与创新原理一一对应，形成矛盾矩阵。矛盾矩阵是一个二维矩阵，横向和纵向都是一样顺序的参数，纵向是改善的参数，横向是恶化的参数，纵向参数与横向参数对应的方格里放的就是原理，原理就是改善参数和恶化参数形成的冲突的解决方案。本书的矛盾矩阵表与传统矛盾矩阵表的不同在于此表是对称的。

第7章 企业—大学知识链冲突管理知识库。本章在萃智理论基础上，借助基于案例推理（CBR）技术，建立企业—大学知识链冲突管理知识库，详细分析知识库的建立、收集知识、知识共享、技术支撑。具体包括：（1）介绍基于案例的推理方法。（2）知识库的建立。针对当前问题，在知识库中检索相似案例，接着应用最接近的案例作为建议方案，然后根据当前形势修改建议方案，最后保存修改后的新案例；设计案例结构。案例结构包括题目、概况描述、面临的问题（用参数表述）、解决方案、整体描述。（3）收集知识。收集知识的方式有两种：一种是利用已有出版物进行知识收集；另一种是收集员工头脑中的知识。（4）建立基于计算机支撑技术的专有知识库（仅供企业）和共享知识库（大学可使用）概念模型，利用机密屏障，区分两种知识库。

1.4 本书的研究方法、预期创新点和研究思路

1.4.1 本书的研究方法

本书采用理论方法与实证方法相结合的研究方法。

本书应用到的理论方法有萃智系统创新方法的问题定义理论、原理和矛盾矩阵理论、冲突管理理论、知识管理理论，以及基于案例推理理论。本书利用萃智系统创新方法的问题定义理论、冲突管理理论和知识管理理论来建立企业—大学知识链冲突问题定义模型；利用萃智的原理和矛盾矩阵理论来建立企业—大学知识链冲突的原理和矛盾矩阵表；利用结构方程来验证冲突原因因素；借助萃智技术来建立企业—大学知识链冲突管理知识库。

本书的实证方法是利用调查问卷和结构方程来探讨影响企业—大学知

识链冲突的因素，并为参数提供依据。

本书的问题定义模型、影响因素分析、参数的建立、原理和矛盾矩阵表的建立以及知识库的生成主要以理论分析和定性分析方法为主。

企业—大学知识链冲突原因维度实证分析主要采用实证分析方法。

1.4.2　本书的创新点

目前系统地研究企业—大学知识链冲突管理的文献还比较少。本书的创新点主要有以下几个方面：

（1）企业—大学知识链冲突定义中除了人的因素引起的冲突外，还加入了由客观因素引起的冲突，而其他冲突的定义基本都只强调由人的因素引起的冲突；

（2）企业—大学知识链冲突管理问题定义工具中，在故障树建设规则基础上加入每层次原因的界定，使原因清晰明了，便于抽取参数；

（3）以冲突原因和冲突过程来确定企业—大学知识链冲突的参数；

（4）利用校企合作领域的例子去阐释 40 条经典发明原理，使其成为企业—大学知识链冲突管理 40 条原理。

1.4.3　本书的研究思路

本书的研究思路是从分析冲突开始，到转化冲突，再到管理冲突，即首先利用企业—大学知识链冲突问题定义工具找到企业—大学知识链的冲突本质，其次用企业—大学知识链冲突参数把企业—大学知识链冲突问题表述成萃智标准问题，再次利用问题解决工具，即企业—大学知识链冲突矛盾矩阵表来引导和管理问题，最后把问题和相应的解决方案存入企业—大学知识链冲突知识库。因此，基于萃智的企业—大学知识链冲突管理研究的技术路线如图 1－1 所示：

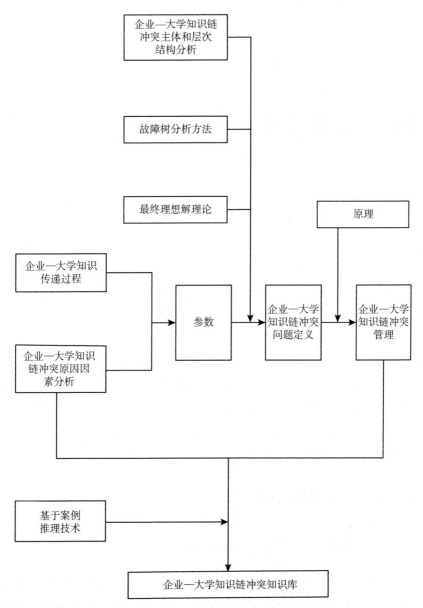

图 1－1 基于 TRIZ 的企业—大学知识链冲突管理技术路线

| 2 |
TRIZ 系统创新方法及其适用性[①]

2.1 TRIZ 系统创新方法的背景

萃智理论也称为发明问题解决理论（The Theory of Inventive Problem Solving）是俄文 Teoriya Resheniya Izobretatelskikh Zadatch 首字母的缩写。萃智是苏联人根里奇·阿奇舒勒在对 250 万专利研究的基础上得出的发明和解决问题背后的规律。通常我们认为发明是少数人偶然的思想火花爆发的结果，但是阿奇舒勒认为，发明背后是有一定的规律的，只要抓住了这种规律，那么创新就变得容易了，就像解数学题一样，可以一步步往下解，直到最终结果。在面对矛盾或者冲突的时候，我们不能只采用折中的方法，要彻底消灭矛盾，这是萃智理论的精髓所在。

2.1.1 TRIZ 发展概况

2.1.1.1 TRIZ 创新方法的发展历程

（1）发展阶段。1946～1956 年，在 4 万专利的基础上，研究发明问题背后的规律，把发明问题进行归类并能初步利用这个方法来解决问题。1956～1986 年，这个阶段是萃智理论不断完善的阶段，发表和出版了一些

---

① 杨红燕，陈光，顾新. TRIZ 创新方法的应用推广及问题对策 ［J］. 情报杂志，2010，29（S1）：16 – 18 + 25.

关于萃智的文章和书籍，发明问题解决算法（ARIZ）被提出和不断完善。1986～1989 年，这是一个理论走向成熟，开始成立协会、公司、实验室的阶段。在本阶段系列书籍开始出版，苏联萃智协会成立，明斯克合作社会发明机器实验室成立。1989 年以后，苏联解体，随着萃智专家移居欧美，萃智理论开始走向世界。1993 年，萃智理论正式进入美国。1999 年，美国阿奇舒勒研究院成立。2000 年，欧洲萃智协会成立。萃智理论在欧美和亚洲得到了发扬和广泛应用，并逐渐开始了普及教育①。

（2）具体发展历程。1946 年，识别专利定义发明等级；1956 年，首次发表文章《发明创造心理学》和技术进化理论；1959 年，正式提出发明问题解决算法（ARIZ）；1961 年，首次出版书籍《如何学会发明》；1969 年，提出专利评价体系；1977 年，物—场分析和效应知识库；1979 年，提出 4 个分离原理；1980 年，第一个萃智软件问世；1985 年，提出 76 个标准解 ARIZ－85；1989 年，成立俄罗斯萃智协会；20 世纪 90 年代初，第二代程序软件问世；1993 年，萃智传到美国；1995 年，完成增强型发明问题解决算法（ARIZ）；21 世纪初，出现效应知识库等第三代软件②。

2.1.1.2 萃智（TRIZ）创新方法机构与公司

（1）萃智方法的三大最权威的非营利组织机构为：MATRIZ（http：//www. matriz. ru/）、ETRIA（http：//www. etria. net）和阿奇舒勒（Altshuller Institute）（http：//www. altshuller. ru/）。

（2）萃智方法的三大权威杂志以及网站为：www. triz-spb. ru、阿奇舒勒研究机构为萃智（TRIZ）学习而设的杂志，（www. aitriz. org）、萃智杂志（www. triz-journal. com）。

2.1.1.3 国外从事萃智（TRIZ）的盈利公司

（1）俄国和独联体。在俄罗斯有 18 家从事咨询培训的营利性公司。只

---

① PETROV V. Timeline of the Development of TRIZ and Gerich Altshuller［J/OL］. 2008，http：//www. triz-journal. com/archives/2008/11/06/.

② 张武城. 技术创新方法［EB/OL］. 2008［2011－8－1］. http：//www. google. cn/search? hl = zh－CN&q = CREAX + Innovation + Suite + 3. 1 + % E5% 93% AA% E4% B8% AA% E5% 85% AC% E5% 8F% B8% E7% 9A% 84&meta = &aq = f&oq = .

从事咨询的有 3 家；只从事培训的有 4 家；只从事软件的有 1 家；既从事咨询又从事培训工作的有 8 家；从事咨询和软件工作并有工厂的有 1 家；有咨询、培训、出版业务的有 1 家。这些公司的规模都很小，其中最大的是俄国管理学校，雇员大概是 90 人左右，其他公司都在几个或者 10 多个人左右。

（2）其他国家。美国从事咨询、培训、出版的公司有 19 家；德国有 10 家；法国有 5 家；荷兰 4 家；英国 3 家；以色列 3 家；芬兰 1 家；新加坡 2 家；日本 1 家；中国香港 2 家；中国台湾 1 家；其中从事软件开发的有 8 家：4 家企业比较权威，具有萃智专家。

2.1.1.4　TRIZ 软件

基于萃智理论的计算机辅助创新（Computer Aided Innovation）软件在发达国家的企业，特别是大企业应用效果较好。最先开发软件的是 Dr Valery Tsurikov 和苏联萃智专家 Filkosky。Dr Valery Tsurikov 在原苏联明斯克，经过 7 年研究，终于在 1980 年，开发了"发明机器"的软件。苏联解体后，他移居美国，创办了"发明机器"，承包了摩托罗拉设计 300 万美元的项目。1997 年技术优化（Tech Optimizer）推广问世，使全世界充分地认识萃智和 CAI 软件的重要性。Filkosky 于 1980 年开发了系统创新思维（Systematic Inventive Thinking）软件。发明机器公司（Invention Machine）现在开发了比较先进的金火（Goldfire）软件。意念国际（Ideation International）开发创新工作平台（Innovation WorkBench）软件。亿维讯公司有创新开发平台（Pro/Innovator）和培训学习平台（CBT/NOVA）。河北工业大学开发了发明工具 2.0（Invention Tool 2.0），中国台湾地区的友环股份有限公司开发了创新套件 3.1（CREAX Innovation Suite 3.1）。系统创新公司（System Innovation）的创新萃智（CreaTRIZ2.2）和意念国际（Ideation International）的知识向导（Knowledge Wizard）是用于解决商业管理领域问题的软件。

2.1.1.5　TRIZ 在国外企业中的推广和应用

美国的一些世界级公司，如波音、福特、通用汽车、克莱斯勒、罗克维尔、强生、摩托罗拉、惠普、宝洁、施乐、礼来等，在技术产品创新中都开展了理论的研究和应用，取得了显著的效果。波音公司利用理论，解决了波音飞机改成空中加油的关键技术问题，从而战胜了法国空中客车公司，为该公司赢得了几亿美元的订单。福特汽车公司应用萃智理论后，每年新创造的效益估计在亿美元以上。德国所有名列世界 500 强的大企业都采用了该理论，像西门子、奔驰、宝马、大众、博世等著名公司都有专门机构及专人负责理论的培训和应用。现在，德国应用理论的行业很广，具体包括成套设备制造、采掘技术、动力技术、家用电器、仪器仪表、航空航天、自动化机械制造、化工、医疗技术、电气技术、食品、电子技术、制药、汽车、包装、精密机械等。日本的索尼松下电器、日产汽车、富士施乐理光、日立制作都在技术和产品开发中研究中应用萃智理论，并取得了成功。日本索尼公司每年都能推出新产品，其动力来源于创新战略与创新理论方法的研究应用。韩国的三星电子等大企业积极引进萃智理论，在技术与产品开发中广泛应用，取得了显著成效。三星电子公司，专门成立了协会，在研发部门实施技术创新理论培训。萃智理论的应用为该公司解决了大量的实际技术问题，节省了大量的研发资金。该公司采用萃智理论指导项目研发，节约相关成本，成功地申请了多项专利，目前三星电子公司已成为在中国申请专利最多的国外企业①。

2.1.1.6　TRIZ 创新方法在中国的现状

（1）政府。科技部相继批准黑龙江省、四川省、江苏省为国家技术创新方法试点省。根据 2008 年 4 月 23 日公布的《关于加强创新方法工作的若干意见》（科学技术部、发展改革委、教育部、中国科协），中国推进创新方法工作的重点是面向企业、科研机构、教育系统三个群体，针对企业为主体的技术创新体系的重大需求，推进萃智等国际先进技术创新方法与中国本土需求融合；推广技术成熟度预测、技术进化模式与路线、冲突解决原理、效应及标准解等萃智中成熟方法在企业的应用；加强技术创新方法知识库建设，研究开发出适应中国企业技术创新发展的理论体系、软件工具和平台②。

---

① 徐克庄. TRIZ 理论的研究应用概况［J］. 杭州化工，2008（3）.
② 陈光. 中国大陆 TRIZ 研究与推广：现状与问题［EB/OL］. 2001［2012 - 3 - 1］. http：//www. tecn. cn/data/detail. php？id = 24736.

（2）企业。自 2001 年亿维讯公司将萃智理论培训引入了中国后，萃智理论在中国逐渐推广。2002 年，亿维讯建立中国公司和研发基地；2003 年，亿维讯在国内推出了萃智理论培训软件（CBT/NOVA）和成套的培训体系，同时推出了基于萃智理论、辅助企业技术创新软件（Pro/Innovator），开始在近百所高校开展萃智讲座；2004 年，亿维讯与国际萃智协会合作，将萃智国际认证引入中国，并资助在西南交通大学出版了萃智科普书籍《发明家诞生了》；2005 年，亿维讯引进并组织翻译了最新版的萃智教材《怎样成为发明家——50 小时学创造》；2006 年，亿维讯建立了专业的培训中心和与符合国际标准的培训体系；2007 年，亿维讯进一步推出适合中国国情的萃智培训教材和培训软件[4]。GET 集团利用萃智理论做了大量的实际项目。

（3）学校和科研机构。在学术研究方面，中国的河北工业大学、东北林业大学、四川大学、西南交通大学等成为较早进行萃智理论和方法研究的机构，已经形成博士生、硕士生创新方法研究培养体系，开设《TRIZ 理论和方法》的系列课程。

（4）书籍。目前在国内可以看到的关于萃智的书籍有：《哇……发明家诞生了》①《创新 40 法》②《技术创新理论 TRIZ 及应用》③《发明是这样诞生的——TRIZ 理论全接触》④ 等。

2.1.2 TRIZ 理论框架

2.1.2.1 TRIZ 系统创新方法的全局概览

萃智系统创新可分为 3 个层次。第一层是各种工具。这些工具可单独

---

① （苏）阿奇舒勒编著. 哇……发明家诞生了［M］.（美）舒利亚克（英译）. 范怡红，黄玉霖（汉译）. 成都：西南交通大学，2004.
② （苏）阿奇舒勒编著. 创新 40 法［M］. 范怡红，黄玉霖（汉译）. 成都：西南交通大学出版社，2004.
③ 赵新军. 技术创新理论 TRIZ 及应用［M］. 北京：化学工业出版社，2004.
④ 杨清亮. 发明是这样诞生的——TRIZ 理论全接触［M］. 北京：机械工业出版社，2006.

使用，也可把几种工具组合成为综合的方法（即第二层）。第三层，我们称之为"哲学"层。"哲学"听起来可能是个很大的概念，用这个词的意思是，有更高层次的概念和思想，影响我们如何使用上述方法和工具。这些哲学问题包括：（1）完全不同的问题类型并不多；（2）已有人在某个领域解决过与你要解决的问题相似的问题；（3）产生创新解决方案的策略数量并不多；（4）系统演变的趋势在很大程度上是可预测的；（5）高质量的解决方案能把系统中不理想的和有害的因素转化为有用的资源；（6）高质量的解决方案能够彻底消除矛盾。

萃智的理论体系比较庞大，包括的内容比较丰富，概括起来，主要分为两大部分，第一部分是萃智的问题定义方法和工具，第二部分为萃智的问题解决方法和工具。这两大部分可以归纳为 6 个方面的内容：（1）创新思维方法与问题分析方法。萃智理论提供了许多突破思维惯性的创新性方法，提供了如何分析问题的科学方法，对于比较复杂的问题，萃智理论也提供了问题分析建模方法以及物—场分析方法等。（2）技术系统进化法则。技术系统进化法则构成了萃智的基本理论。所有运行某个功能的事物均可叫作技术系统，任何技术系统都包含一个或者多个子系统，每个子系统都可以执行自身功能，最小的技术系统由两个元素及元素间传递的能量组成[1]。技术系统的进化并非"偶然"，而是遵循着一定的客观规律，按一定的模式进行进化[2]。萃智理论提炼了 8 个基本进化法则，即技术系统 S 曲线进化法则；技术系统的提高理想度法则；子系统的不均衡进化法则；动态性和可控性进化法则；增加集成度再进行简化的法则；子系统协调性进化法则；向自动化方向进化法则；向微观级和场应用的进化法则。8 大基本法则可以预测技术系统的变化趋势，解决困难的问题以及创造或者完善用于解决问题的各种工具[3]。（3）技术矛盾解决原理。萃智理论将发明创造背后的规律总结成 40 条发明原理，针对具体的技术矛盾，运用这些原

---

① 黑龙江省科学技术厅．TRIZ 理论应用与实践［M］．哈尔滨：黑龙江科学技术出版社，2008.

② G. ALTSHULLER，B. ZLOTION，A. ZUSMAN. 创新问题解决事件［M］//姜台林．桂林：广西师范大学出版社，2008.

③ 王亮申，孙峰华. TRIZ 创新理论与应用原理［M］．北京：科学出版社，2010.

理，可以找到问题的具体的解决方案。（4）创新问题标准解法。针对具体问题的物—场模型，有标准的模型处理方法，可以找到具体问题的解决方案。（5）发明问题解决算法。针对复杂的问题情境，其他问题分析方法不奏效时，可以应用发明问题解决算法，它是一个对初始问题进行一系列的变形等非计算性的逻辑计算方法，从而逐步深入地分析问题，直至问题最终被解决。（6）效应库、知识库。基于物理、化学等领域的发明专利的分析结构，构建可以提供创新方案的知识库。

现代萃智理论有 3 个主要的核心思想：（1）一个技术系统，无论简单还是复杂，其核心技术的发展，都会遵循客观进化法则进行演变；（2）推动进化过程的动力是不断解决各种技术难题、冲突和矛盾；（3）用尽可能少的资源实现尽可能多的功能是技术系统的理想化状态。

本书尝试将萃智工具的最终理想解（IFR）、萃智解题流程、参数、原理、技术矛盾、矛盾矩阵表、知识库等概念、工具和方法引入企业—大学知识链冲突管理中，建立相应的管理工具，实现对企业—大学知识链冲突的引导和管理。

2.1.2.2　TRIZ 解决问题的流程

发明是人们在解决技术领域中的问题时，运用自然规律提出的创新性解决方案或者措施的过程或者成果。发明创新技术问题的关键就是找准技术矛盾。

传统上，解决发明创新技术问题用得最多的方法是试错法，当人们发现了问题后，通过不断地尝试来解决问题，但是，试错法解决问题时，是没有方向性的，更多是猜测，因此，采用试错法，需要花大量的时间、金钱成本，而且效率非常低下。除了试错法之外，传统的创新方法还有头脑风暴法、属性列举法、形态分析法等几百种方法。虽然这些方法曾一时起到过很好的创新推动作用，但是都需要比较高的技巧以及经验的积累，因此创新效率普遍不高。

萃智在解决问题的方法和流程上，与传统的创新方法比较类似，但是，萃智比传统的解决问题的方法更为快捷、方便和全面。

我们人类一般解决问题的思路都是从现有的问题直接出发寻找解决方

案，这样，往往会遇到各种各样的难题，无法找到合适的问题解决方案，萃智解决问题的方式不是直接去寻找解决答案，而是绕道而行，运用萃智理论解决问题的一般流程，如图 2 - 1 所示。

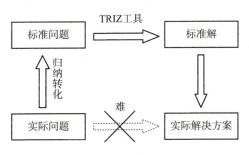

图 2 - 1　TRIZ 解决问题流程

运用萃智理论解决问题分四步走：

（1）仔细分析现有的实际问题，了解问题的背景，明确和定义问题；

（2）把实际问题归纳成为一个标准的萃智问题模型；

（3）针对问题模型，运用理论已经总结和归纳出来的标准解决方案，找到标准问题模型对应的标准问题解决方案；

（4）将标准问题解决方案应用到具体的实际问题中，用演绎方法，从一般到具体，得到实际问题的最终实际解决方案。

2.1.2.3　最终理想解（IFR）①

"提高理想度"和"最终理想解"这两个双胞胎概念是系统创新非常重要的哲学元素。理想度和最终理想解，不是问题定义过程中必须要用到的问题定义工具。当然，一个给定的问题形势，有可能从实际出发，必须要用到这个问题工具。许多问题不允许我们随随便便放弃任何一个原先走过的路径，原因是，要追求一个更理想的解决路径。这样务实的态度给我们带来大量的危险，历史告诉我们，任何不从理想度角度处理问题的组织

---

① MANN D. Hands on Systematic Innovation for Business and Management [M]. Devon：Lazarus Press，2004.

容易在市场中消失。因此，至少在结束定义一个问题时，考虑什么是基于理想度的思考过程是非常重要的。

提高理想度是系统演化最重要的趋势，这是理想度问题定义工具的内在逻辑。我们可以用许多方式定义理想度，但是最有用的方式如下：

$$理想度 = 收益 / (成本 + 危害)   (2-1)$$

因此，如果我们接受提高理想度作为演化方向，基本上来说，当系统演化时，系统有用的事物日益增加（公式的上半部分），有害的事物日益减少——成本和危害（公式的下半部分）。如果一个系统演化至极致，系统只会传递我们要求的有用的事物，而且，理论上来说，不会传递任何有害的事物。这个极致的演化状态就是最终理想解。因此，问题就产生了：如果任何事物都会朝这个方向演化，那我们为什么不从这个最后点开始思考，而要把现在的状态作为起始分析点呢？这个简单的思考过程代表着，微妙但事实上意义深远的大部分组织和许多个人的思考方式的变化。事实上，大部分组织是按照图 2-2 所示的方式进行思考的。这种思考方向是以"当前的系统"为起点。大部分人熟悉的"持续改善"阶段是这种"从当前出发"的思考模式的方向性结果。我们知道，收益递减规律（演化的 S 形曲线的基本机制）说明随着时间的递进，更多地努力获得地改进越来越少。

图 2-2　大部分组织的思考方式

另外一种思维方式是寻找一种更好的做事情的方式。这种新的做事情的方式，用系统创新方法的术语表示就是，一条新的 S 形曲线的出现，如图 2-3 所示。

系统创新研究者发现一个重要的事实，那就是这些重要的灵感火花往往来自于现在的产品和服务提供者范围之外的某个人。杰姆斯拜克在其一本有深远意义的书《控制演化机制》中早就发现了这个事实，并独立出版出来。拜克记录重要的产品创新（如飞机引擎、地毯、冰箱、制冰商、子午线轮胎、圆珠笔、柴油机车、白炽灯、晶体管、赛璐珞胶片、计算器、并行超级计算机等），往往是由外行者促进创新跳跃。因此，基于历史，很可能，你的组织开发出使现有产品退出市场的产品机会是零。

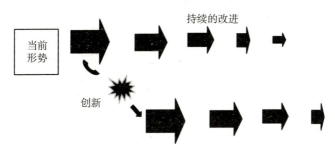

图 2-3　创新的火花图

　　理想度和最终理想解是，至少可以看到这些创新火花驶向何方的一种系统性方法。由理想度激发的思维方式的转变存在一个有趣的悖论。现实的"瓶颈"以及习惯认为，我们应当从当前的状态出发解决问题。这确实是大多数人思考问题的方式。但是同时，当问到一个经理或者任何一个人如图 2-4 所示的难题如何解决时，第一时间的回答和反应是"从奖杯出发，然后往回走"。

图 2-4　奖杯所在线路图

如果我们把最终理想解看作奖杯，然后从奖杯出发，往回寻找答案，我们就具有了解决问题的非常有效的方式。这也就是最终理想解定义问题工具的思路。

虽然真正的最终理想解问题定义工具没有那么简单。但是，工具包含的基本思想如图 2 – 5 所示。

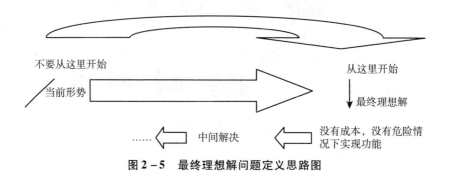

不要从这里开始

当前形势

从这里开始

最终理想解

······ 中间解决 没有成本，没有危险情况下实现功能

图 2 – 5　最终理想解问题定义思路图

利用这个工具首先定义最终理想解，然后通过一系列概念性步骤往回工作。使用过程中，思考这样一个问题"如果我不能获得最终理想解，那么往回走的最小步骤是什么？"接下来一个问题是"如果我不能在那个往回一小步点上获得解决方案，那么下一个我要往回走的最小步骤是什么？"如此类推，直到概念性方案能够实践。比如清洗衣服这个案例中，最终理想解是衣服能够自我清洁（在没有任何成本和危险的情况下实现系统的目的），当现有的资源和条件无法实现这个最终理想解时，那么我们只能沿着从最终理想解到当前形势这条线，从最终理想解往回走，这个时候，我们可能考虑在自我清洁不能实现的情况下，只有加入外部的一些清洁机制，因此，洗衣粉制造商可能挑选"清洗衣服不需要洗衣粉"这样一个概念，如果这个概念在当时的技术、时代背景下还是无法实现，那么只能再往回走一步，然后寻找概念选项，比如"可重复使用的洗衣粉"等，当这个概念在当下能够实现时，那么目前阶段最实用、最理想的解决方案产生了。

检验一个真实的最终理想解问题定义工具的运行机制之前，最后一个重点如图 2 – 6 所示。

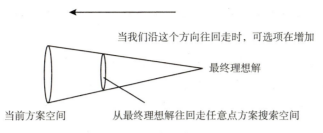

图 2 - 6 利用最终理想解的圆锥的搜索空间图

图 2 - 6 说明从最终理想解（至少概念上来说，它是一个非常具体的终点）往回走时，解决方案的搜索空间不可避免地逐渐拓宽。在现实中，拓宽意味着，当我们从最终理想解往回走到其他概念性方案时，可选择的方案逐渐增多。比如清洗衣服这个案例中，如果"衣服不能自我清洁"，那么往回走时，空间就拓宽了，我们可以选择"清洗衣服不需要洗衣粉""清洗衣服不需要水""清洗衣服不需要洗衣机"等增加了某种外部清洗机制，但不需要某种事物的一种概念方案；再往前走，方案空间更大，比如"可重复使用的洗衣粉""浓缩洗衣粉""浓缩液体""混合物"等。

下面这个简单的问卷是按照最终理想解的思维结构设计的，在最终理想解点上以及往回走沿线上的每个概念性选项上都适用。问卷如图 2 - 7 所示。

（1）系统的最终目的是什么？
（2）最终理想解结果是什么？
（3）是什么阻止你实现这个最终理想解？
（4）它为什么会阻止你？
（5）怎样才能使阻止你实现最终理想解的事物消失？
（6）有什么资源可以帮助你创造这个条件？
（7）是否已经有人解决这个问题了？

图 2 - 7 最终理想解问卷

问题的顺序非常重要，第一个问题代表第一个挑战。这个问题要求问题定义者考虑系统要求传递的功能，它是系统存在的关键，因此"最终目的"应当确切地反映这个功能。

第二个问题的答案是一个传递系统的功能（最终目的）而不用任何成本，没有任何危害的方案。在这里必须明确一个概念，那就是"方案可变，但功能始终保持不变"。比如说清洗衣服这个案例中，系统的功能是"干净的衣服"，这个功能在每个调查问卷的第一个问题中始终保持不变，但是每个调查问卷的第二个问题就发生了变化，如在最终理解点是"衣服自我清洁"，在添加外部清洗机制点上是"清洗衣服不需要洗衣粉"等。

第三个问题似乎是一个具有最大挑战性的问题。这个问题的答案有可能既不明显但又多种多样。这个阶段，问卷的重点是激发"强有力的思考"，确保把所有找到的答案都记录下来。

第四个"为什么"和第五个"怎么样"这两个问题挑战前面"是什么"这个问题的答案。有时候，这些问题产生的答案可能有点绕，但是，不要让这分散这个工具的整体目的——充分地帮助你开发问题空间。

第六个问题寻求理想度与资源之间的直接联结，这些资源应当在整个问题定义过程中的问题开发部分就已经被识别了。理想度与资源密切相关，如果在系统的周围存在能够代替系统执行系统功能的元素，它可能是我们实现最终理想解的关键所在。

最后一个问题与下游的问题解决工具相联结。在所有的以理想度为中心的问题定义思考中的绝大部分将导致要么"知识"问题（我想做这个，但是我不知道怎么做）或者一个技术冲突/矛盾冲突（我想做这个，但是其他事物阻止我）。最后一个问题就是构造这个。

回答了所有的问题，问题形势就变得清晰了。但是，无论如何，这是一次性行为。这里为描述的理想度问题定义过程提供两条可行的探索路径：

（1）我们不能实现一定的最终理想解，希望开发另外的比最终理想解少些挑战的问题定义。

（2）这里不止一件事情阻止我们实现最终理想解，我们希望详细地一一探索它们。

第一个路径相当于从现在的形势往回走到一个如图 2-5 标注的"中间解决方案";第二个路径相当于如图 2-8 所示,当我们对于一个给定的最终理想解定义,设法探索方案空间。

这两种探索路径结合起来使我们在找到适合的方案前可能需要几组问卷,每组问卷如图 2-8 所示,在圆锥的搜索空间上都有对应的位置,并显示了从最终理想解往回走的每个概念阶段上的选项越来越多,每个选项对应一张调查问卷表,因此,在往回走时,调查问卷表越来越多,也即方案探索空间越来越大。

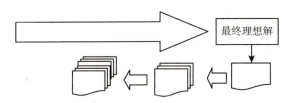

图 2-8   最终理想解调查问卷与圆锥搜索空间吻合图

2.1.2.4   技术矛盾

根据问题的参数属性、结构属性以及资源属性,萃智有 4 种形式的问题模型:技术矛盾、物理矛盾、物—场模型以及 How To 模型,与之对应,萃智寻找标准解决方案的工具也有 4 种:矛盾矩阵、分离原理、知识库与效应库、标准解系统。标准问题模型及对应的解决问题工具如表 2-1 所示。

表 2-1   技术系统问题的问题模型与解决问题模型表

标准问题模型	解决问题工具	标准解决方案模型
技术矛盾	矛盾矩阵	创新原理
物理矛盾	分离原理	创新原理
物—场模型	标准解系统	标准解
How To 模型	知识库与效应库	方法与效应

上面 4 种模式中，技术矛盾是非常重要的一种标准问题模式，技术矛盾与创新原理的应用也非常广泛，应用技术矛盾和创新原理解决发明创新技术问题的解题流程如图 2 – 9 所示。

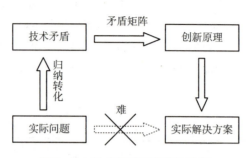

图 2 – 9　技术矛盾问题解决流程

技术矛盾是指当技术系统的某一个特性或者参数得到改善时，技术系统的另外一个参数或者特性发生恶化而导致的矛盾。工程技术矛盾的两个参数有如下的特点：在某一子系统加强有用功能的同时，会引起另一子系统产生有害功能；在某一子系统消除有害功能时，会弱化另一子系统的有用功能；强化有用功能或者减少有害功能，会引起其他子系统或者全部系统产生无法接受的并发症。因此，技术矛盾的两个参数之间是互相对立的双方，相互制约，相互依存，紧密相连。当把实际问题转化为技术矛盾后，利用矛盾矩阵，就可以得到创新原理，利用创新原理就可以得到类似问题的标准解决方法，把这些标准解决方法，放入到实际问题环境中，就能比较容易获得实际的问题解决方法。

2.1.2.5　参数

在萃智理论中，当一个具体问题，如果直接寻找对应的解非常困难时，就应该先转化为萃智的标准问题模式，然后应用对应的萃智工具寻找萃智的标准解决方案。如果萃智的标准问题形式为技术矛盾，那么如何将一个具体问题转化为技术矛盾呢？萃智理论中是使用通用的工程参数来表述问题。经典萃智理论的 39 个通用工程参数是阿奇舒勒在对大量文献详细研究的基础上，总结和提炼出来的。这 39 个参数是联结具体问题与萃智问题的桥梁，将一个具体的问题，用萃智的通用语言表达出来。应用矛盾矩阵来解决实际问题时，首先在充分理解问题的基础上，在 39 个通用工程参数中选择构成技术矛盾的两个参数。确定改善和恶化的参数。改善的参数是指系统改进中，将会提升或者将会加强的性能所对应的工程参数；恶化的参数是指改善上述工程参数后，系统中另外一种性能变差了，这种变差的性能就是恶化的参数。这样，一个具体问题就表达成了技术矛盾。其次，以克服工程参数之间的矛盾作为解决问题的标准。但是，在实际问题解决过程中，把技术问题表述成参数，不仅需要对萃智的 39 个通用参数有正确的理解，而且还需要拥有非常专业而全面的技术系统知识。

2.1.2.6 创新原理与矛盾矩阵表

创新原理是人类在征服自然、改造自然的过程中遵循的客观规律。从原始社会到现代社会，从简单的石斧工具到现代的复杂航空器，所有的人工制造物，都遵循了创新的规律。相同的发明创新技术问题以及与之对应的创新解决方案在不同时期、不同领域会反复出现，这说明，解决问题的方法是有规律的，可以反复使用。阿奇舒勒对大量的发明专利进行了研究、分析并总结出可以反复使用解决问题的方法（创新原理）。40 条创新原理，使只有天才才可以做的发明工作，变成了一种人人可以从事的职业。此后，其他学者还用其他专利来验证 40 条原理的使用性，发现，40 条原理是解决技术矛盾行之有效的创新方法①。

萃智理论中的 40 条创新原理，如表 2 - 2 所示，是萃智中用于解决技术矛盾（问题）的创新解决方案。这 40 条原理最早奠定了萃智理论的基本内容，实践也证明，这 40 条原理是行之有效的。在使用创新原理时，应该注意以下几点规则：（1）各原理之间是相互融合的，并非独立的；（2）创新原理反映了系统进化论法则；（3）创新原理的各子条目之间层次有高低之分，前面是概括，后面是具体。

---

① 王亮申，孙峰华. TRIZ 创新理论与应用原理 ［M］. 北京：科学出版社，2010.

表 2-2 40 个 TRIZ 创新原理

序号	原理名称	序号	原理名称	序号	原理名称	序号	原理名称
1	分割	11	事先防范	21	减少有害作用的时间	31	多孔材料
2	抽取	12	等势	22	变害为利	32	改变颜色
3	局部质量	13	反向作用	23	反馈	33	均质性
4	增加不对称	14	曲面化	24	借助中介物	34	抛弃或者再生
5	组合	15	动态特性	25	自服务	35	改变物理或化学参数
6	多用性	16	未达到或者过度作用	26	复制	36	相变
7	嵌套	17	空间维数变化	27	廉价替代品	37	热膨胀
8	重量补偿	18	机械振动	28	机械系统替代	38	强氧化剂
9	预先反作用	19	周期性作用	29	气压和液压结构	39	惰性环境
10	预先作用	20	有效作用的连续性	30	柔性壳体或者薄膜	40	复合材料

　　萃智理论中，解决技术矛盾的方法是利用矛盾矩阵，矛盾矩阵是由参数和原理组合而成的。阿奇舒勒将工程参数和创新原理建立了对应关系，整理成了矛盾矩阵表，经典的矛盾矩阵表有 39 个参数和 40 条发明原理构成。矛盾矩阵表的形成，方便使用者查找，因此，大大提高了解决技术矛盾的效率。矛盾矩阵表的第一列是 39 个系统需要改善的参数名称，第一行是系统在改善那个参数的同时，会恶化的 39 个参数，因此，矛盾矩阵表是一个 39×39 的矩阵表，共有矩阵方格 1521 个，其中 1263 个方格中的数字就是表示解决相对应的技术矛盾时所使用的创新原理编号，如果有多个创新原理号，就用逗号隔开，矛盾矩阵表的对角线为空格，对应的是改善某一个参数时，同时也恶化了这个参数，这种同一参数之间的矛盾称为物理矛盾，因此，在技术矛盾的矩阵表中为空格。经典的矛盾矩阵表是不对称的，也就是，当改善的参数和恶化的参数颠倒后，所对应的创新原理是不一样的。达雷尔·曼恩的管理领域矛盾矩阵表由 5 大块 31 个参数和 40 条发明原理组成，并且矛盾矩阵表是对称的，也就是，当改善和恶化的参数对调时，查到的发明原理是一样的。管理领域的 40 条发明原理是在 40 条经典原理的基础上，结合管理领域的案例，抽象出来的。

　　应用矛盾矩阵来解决技术矛盾时，流程如图 2-10 所示，具体步骤如下：

（1）明确问题。对技术系统进行详细的分解，把技术系统划分为超系统、系统和子系统，并且对各种系统之间存在的相互依赖关系和作用进行描述，然后逐步确定问题所在的系统和子系统，用基于最终理想解的企业—大学知识链冲突问题定义工具定义问题。

（2）确定改善和恶化的参数。确定系统欲提升性能的参数，某一个参数性能的提升，必然会带来其他参数的恶化，因此，确定改善的参数的同时，需要确定恶化的参数，由于恶化发生在将来，因此，现在只有"大胆设想，小心求证"。改善的参数和恶化的参数之间形成的矛盾就是技术矛盾。

（3）查找矛盾矩阵表，根据改善和恶化的参数，确定矛盾矩阵表推荐的创新原理号。

（4）根据创新原理号，得到创新原理的名称以及创新原理的具体阐释，并把创新原理用在具体的问题上，如果矛盾矩阵表推荐数个创新原理，需要一一把具体问题应用到这些原理上，然后进行比较，获得最佳解决方案。

（5）如果推荐的创新原理编号最后不适合具体问题，则需要重新定义问题，确定改善和恶化的参数，再次应用矛盾矩阵表，如此反复，直到具体问题找到了合适的解决方案。

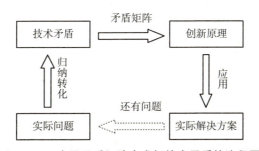

图 2 - 10　应用矛盾矩阵表求解技术矛盾的流程图

2.1.2.7　科学效应与现象知识库

科学效应和现象知识库是萃智理论之一。阿奇舒勒认为在工业和自然科学领域中的问题以及问题的解决方案是重复的，只有 1% 的解决方案是真正的发明，而其余的解决方案都是在重复应用以前的知识和概念。对于一个新的问题，可以从已有的原理中找到问题的解决方案。因此，可以构建知识库或者效应库，重复利用相应的知识和概念。

任何一个技术系统的发明和应用都必须依靠人类已经证明和发现行之有效的科学原理。基础的科学现象和科学效应是发明的源泉。效应是输入和输出之间的关系，应用本领域或者其他领域中的相关科学原理、定律来解决问题，如利用数学、化学、生物等领域中的原理来解决现有技术系统的问题。根据输入和输出关系，工程技术问题和对应的数学、化学、生物等领域的科学原理和定律构成了科学现象与科学效应知识库。

2.2　TRIZ 系统创新方法的适用范围及适用条件

笔者尝试利用萃智系统创新方法来建立冲突定问题义工具、冲突管理策略工具以及冲突管理知识库。因此，必须弄清楚，萃智系统创新方法是否适用于管理企业—大学知识链冲突。

2.2.1　TRIZ 系统创新方法适用于管理领域中的矛盾和冲突

萃智创新方法包含很多种理论和工具，与本研究相关的最主要的理论和工具就是参数、原理、技术矛盾和矛盾矩阵表。经典创新原理是从 250 万专利中提炼出来的。250 万专利集中在工程技术领域，主要是机械领域。所以这套方法的应用也在工程技术领域。阿奇舒勒认为管理、社会领域的问题是非结构性和非重复性的，因此，研究萃智在管理领域中的应用没有实际价值。当苏联解体后，随着萃智理论走向世界，萃智理论在技术领域解决矛盾和冲突取得成功后，萃智大师们逐渐去探讨和研究萃智在非技术领域的应用情况，尤其在管理领域中的应用。从萃智应用于管理领域中的文献，我们可以看到，越来越多的学者尝试建立管理领域的萃智工具，比如原理与矛盾矩阵。虽然管理领域没有 250 万专利那么多，但是有其自己成功的案例，因此，学者们从具体的领域，如服务、定制、供应链、市场销售、金融等找出已经公开发表的成功案例，以及没有公开发表的经验或者内部数据，总结出对应于经典40条原理的各具体领域中的解释，形成具体领域的40条原理。参数的设置，有的学者是根据经典萃智的参数给出对应的管理领域中的参数，有的学者是根据实际的领域中的情况，给出参数。比如达雷尔·曼恩给出商贸及管理领域中的参数时，用一个"管理过程和管理属性"二维模型来确定具体的参数，根据管理的实际情况，把管理过程分为四个部分，即研究开发、生产、供应、后台支持，管理参数有规格/能力/方式、成本、时间、风险和界面，这样就形成了20个参数，再加上一些他认为是管理领域中的重要参数，如信息量、影响系统的有害因素、系统复杂性等11个参数，一共就是31个参数。参数和原理的对应关系构成了矛盾矩阵表，矛盾矩阵表中的冲突都是技术冲突。

尽管萃智系统创新方法在技术领域或者非技术领域应用时，都没有明确说明能解决什么样的矛盾和冲突，但是通过阅读大量文献，我们可以归纳为只要某个领域中存在问题、"瓶颈"、矛盾和冲突，都能用此创新工具解决。因此，我们可以认为，萃智系统创新方法适用于企业—大学知识链上的冲突的解决和管理。

2.2.2 TRIZ 创新方法适用的条件

尽管我们说萃智创新方法没有规定什么样的矛盾和冲突能够解决，什么样的矛盾和冲突不能解决，就如同冲突局势分析方法，虽然也没有说什么类型的冲突可以用此方法来解决，但是有其本身应用的条件，此方法必须满足几个条件：局中人、策略、结局、偏好（可以不理性，但局中人一定要有偏好）一样，萃智系统创新方法也有本身的应用限制条件。

第一，参数必须是某个领域中与存在的冲突相关的最深层次的属性，参数必须能反映具体领域的特点和属性。本书以冲突原因和冲突过程建立参数。

第二，不管什么类型的问题和冲突，如果要用萃智工具解决，这个问题必须被表示成萃智标准问题模式。本书将建立企业—大学知识链冲突参数，用来把具体问题表述成萃智标准问题。

第三，使用的 40 条原理必须是从具体领域中的成功案例中抽象出来的。具体的形成过程要符合这个思路，这样对于该领域以后出现相似的问题，已有经验可以参考。本书将从校企合作的成功案例中抽象出企业—大学知识链冲突 40 条原理。

第四，利用萃智得出的方案，都是别人在具体情况下对成功解决方案的总结，尽管问题相似，但是毕竟情境不同，所以必须把萃智的标准解决方案转化为实际情境下的方案。本研究将建立带有情境背景的企业—大学知识链冲突知识库，以方便用户学习和检索。

根据萃智的适用条件，本书从企业和大学合作过程中出现的问题的对策进行总结和抽象，与萃智的 40 条原理对应，形成企业—大学知识链冲突管理 40 条原理。用"知识实际传递过程""冲突产生原因"建立二维模型，确定具体的参数。只要按照这个思路形成的参数和原理工具就适合管理企业—大学知识链上的冲突。

| 3 |

基于 **TRIZ** 的企业—大学知识链
冲突及冲突管理框架

3.1　企业—大学知识链产生的背景

从 20 世纪中期开始，保罗·罗默的《递增收益与长期增长》以及卢卡斯的《论经济发展机制》为我们解开了经济增长背后的秘密①，从此知识从经济增长的外生变量转变为经济增长的内生变量。从弗兰西斯·培根提出了"知识就是力量"这一至理名言，到马克思提出"科学技术是生产力"，再到邓小平的"科学技术是第一生产力"，足见科技进步或知识已成为一个国家富强的源泉，成为人类文明的主要动力和源泉②。

21 世纪是知识经济时代，经济合作与发展组织（OECD）为知识经济下了一个定义：知识经济是建立在知识和信息的生产、分配、使用之上的经济。经济增长主要取决于智力资源的占有和配置，因此，由土地、机器、厂房、资本决定经济增长的时代已经过去，知识成为最基本也最为关键的生产要素，知识产品成为一种独立的商品，跟其他普通产品一样，可以进行市场交易。

---

① 朱勇，吴易风. 技术进步与经济的内生增长——新增长理论发展评述 [J]. 中国社会科学，1999（1）：21 - 2.

② 张润彤，蓝天. 知识管理导论 [M]. 北京：北京高等教育出版社，2005.

知识产品的生产活动是指知识产品被生产出来的全过程，是知识经济体系的基础。尽管创新不是所有知识产生的唯一渠道，但它是新知识产生的唯一渠道以及所有知识的最终源泉，因此，研究开发活动是主要的知识生产活动。研究开发活动分为基础研究、应用研究和技术开发三类活动。基础研究是指为了获得关于现象和可观察事实的基本原理及新知识而进行的实验性和理论性工作。基础研究不以特定的商业目的为目标，一般都是兴趣导向，为人类的知识宝库添砖加瓦，因此，基础研究是创新的基础，没有基础研究，从长远来看，创新后盾和动力将会不足，这也是为什么日本在采取模仿战略，经济腾飞后，也必须要以自主创新为发展战略。应用研究是将理论发展为实际的应用形式。技术开发是把研究所获得的发现或者一般科学知识应用于产品和工艺上的技术活动。这两者都有特定的商业目的或者应用目标。

企业的研究开发活动分为企业内部研究开发活动和企业外部研究开发活动。19 世纪，在企业这种组织形式出现以前，重大的发明和创新基本上都是由工厂之外的独立发明者和独立研究机构完成。比如，瓦特只有合伙人，但不属于具体的哪个工厂。爱迪生实验室，也是独立于工厂之外。但是，从 20 世纪开始，独立研究室和独立发明者的数目都在减少，到 20 世纪 70 年代左右，就很少有独立的研究机构，而相反，企业内部化的研究机构数目逐渐增多。吉本斯和约翰斯顿等人通过对 30 项英国企业获奖项目进行调查研究，对 839 个新产品开发过程中所使用的所有科学和技术的"信息"单位进行分析，其来源主要来自于企业内部[1]。随着知识经济时代的到来，技术的复杂性越来越高，研究开发的周期越来越短，研究开发的成本越来越高，技术融合和综合的趋势越来越明显。企业为了能在日趋激烈的竞争中立于不败之地，能在瞬息变化的市场中分得一杯羹，必须要获取外部的知识，寻求与大学、科研机构、供应商、客户甚至竞争对手的合作，提高企业的创新能力，最终提高企业的核心竞争力。企业在与其他机构合作的过程中，促进了知识的流动，形成了知识链。

在中国，经过 30 多年的发展，虽然制造业规模和经济总量已经位居第

---

① 葛新权，李静文，彭娟娟. 技术创新与管理 [M]. 北京：社会科学文献出版社，2005.

一和第二，但是产能过剩的问题突出，不能再简单地扩张下去。国务院发展研究中心宏观经济部研究员张立群说，中国必须以投资驱动、规模扩张、出口导向为主的发展模式转变为以创新驱动为主的发展模式，依靠创新，提高产品的质量和效益，构建面向市场、以企业为主体、产学研联合发展的技术创新体系①，并完善国家创新体系。国家创新体系是由区域技术创新系统构成，而区域技术创新体系是由知识网络构成，而知识网络的基本单元是知识链。20 世纪 80 年代以来，在电子、计算机、网络等高科技领域内通过组建知识链联合研究开发的现象非常普遍，未来市场的竞争，不仅是企业与企业之间的竞争，更可能是知识链与知识链之间的竞争。因此，产学研联合发展而形成的组织间知识链成为企业知识管理的重点，而对于企业而言，大学是一个非常重要的创新源，因此，企业—大学知识链就成为企业知识管理的一个重要任务。

3.2　企业—大学知识链②③

3.2.1　组织间知识链

知识链的研究起源于知识管理的研究，知识链概念最早是由理查德·斯皮内利（Richard A. Spinello）④ 在 1998 年提出。纵观国内外文献，知识链的研究主要分为组织内部知识链研究和组织之间知识链研究。组织内知识链侧重于企业内部的知识从捕获开始到创新应用的过程，并认为这种过

---

①　刘铮. 以创新驱动加快转变经济发展方式——专家谈十八大报告有关"实施创新驱动发展战略"论述［EB/OL］. 2012［2012 - 10 - 20］. http：//www. gov. cn/jrzg/2012 - 11/12/content_2263432. htm.

②　杨红燕，顾新，陈光. 基于 TRIZ 的企业 - 学校知识链冲突解决研究［J］. 情报杂志，2011，30（08）：17 - 21.

③　杨红燕，吴绍波. 企业 - 大学知识链冲突定义工具研究［J］. 科技进步与对策，2016，33（24）：129 - 133.

④　SPINELLO R A. The Knowledge Chain［J］. Business Horizons，1998，November - December：4 - 14.

程是一个无限循环的链条。组织间的知识链认为知识流在企业和其他主体之间转移、扩散而形成知识的集成、整合与创新的具有价值增值功能的网链结构模型。这种观点认为，知识链不是孤立存在的，知识链呈辐射状，企业与科研机构、大学以及其他企业发生众多基于知识流动的辐射活动。

对于组织之间知识链的概念，本书采用顾新等人的定义，"知识链（Knowledge Chain）是指以企业为创新的核心主体，以实现知识共享和知识创造为目的，通过知识在参与创新活动的不同组织间的流动而形成的链式结构[①]"。

3.2.2　企业—大学知识链的内涵

企业—大学知识链是组织之间知识链的一种具体形式。企业—大学知识链是指以企业为创新的核心主体，以实现知识共享和知识创造为目的，知识在企业与大学之间流动而形成的链式结构。企业—大学知识链的内涵强调以下几点内容。

（1）企业—大学知识链的驱动力是对优势互补的知识的需求。企业—大学知识链形成的目的是知识共享和知识创造，因此，只有存在优势互补的知识才能驱动企业—大学知识链形成，优势互补的知识是指不同类型的互补性知识以及同一类型但存在质量层次高低的知识。企业吸纳知识后，应用到新的产品和新的工艺中，或者整合企业已有的知识，进行消化、吸收，二次创新后产生新的具有竞争优势的知识。

（2）企业—大学知识链形成的基础是交互的知识流动。知识流动体现了企业和大学共同参与创新活动的交互作用，尽管企业—大学知识链中企业是创新的主体，但是，知识流动不是从知识供应方到知识需求方的单向流动，而是双向的交互流动。知识流动具有规模、效率等指标。

（3）企业—大学知识链是知识网络的基本构成单元。企业—大学知识链与其他知识链一起构成知识网络，因此，企业—大学知识链是知识网络的一种基本构成单元。企业和大学都呈辐射状与其他企业和大学形成知识链，每个企业和大学都可能是不同知识链上的节点。

---

① 顾新. 知识链管理——基于生命周期的组织之间知识链管理框架模型研究 [M]. 成都：四川大学出版社，2008.

（4）企业—大学知识链是一种知识联盟。企业—大学知识链体现的是企业和大学之间的战术或者战略上的合作伙伴关系。这种知识联盟不同于我们熟悉的市场和科层组织，这是一种基于两者之间的组织形式。双方基于优势互补的需求，在信任的基础上，通过契约的形式产生的短期或者长期的合作伙伴关系。

（5）企业—大学知识链构建的目的是为了在双赢的基础上实现知识增加和创造价值，这种价值可以是知识价值、产品价值、经济价值或者社会价值。

3.2.3 企业—大学知识链的构成

（1）企业—大学知识链的构成。企业—大学知识链类似于企业—大学合作创新或者产学联盟、产学合作这些概念，区别在于企业—大学知识链侧重知识链上的知识活动相关行为的研究。企业—大学知识链的形成是为了知识流动过程中能为各个环节创造价值，进行知识创造，最后获得竞争优势。企业—大学知识链是由节点和链条构成的。企业和大学这些结点是企业—大学知识链的基础，企业—大学知识链同时也是企业—大学合作创新网络的基本构成单元。点与点构成链条，链条与链条构成合作网络。

（2）企业—大学知识链的结点。企业—大学知识链的节点就是企业和大学，企业是企业—大学知识链的盟主，是创新活动的投入主体、决策主体和收益主体。管理知识链上的创新活动，使其能按既定的目标顺利开展是企业的责任。企业是指依照《公司法》或者《企业法》成立的，能够独立核算的，从事生产、流通、服务等活动的营利性法人，对外直接享有民事权利和承担民事义务。本书中的企业尤指创新型知识企业，拥有自身的知识优势，这种优势有可能是技术优势，也有可能是品牌、营销、管理等优势。大学是指高等院校，即依法成立，在完成高中等教育基础上实施教育的学校，包括大学、独立设置的学院和高等专科学校①。本书中的大学不

---

① 安慧娟. 产学研合作模式研究 [D]. 天津：天津大学，2009.

排除高等专科学校，但主要是指研究型大学。

（3）企业—大学知识链的链条。企业—大学知识链链条是由企业—大学知识链的知识流动（为了简便起见，以下都称为"知识流动"）和链条上存在的吸力和张力构成。

（4）知识流动的概念。知识流动指知识在企业和学校之间的双向转移和扩散。知识流动的本质是企业和大学所拥有的不同的知识资源的有效整合，实现共赢。创新实现生产要素的新的组合，尤其在中国，由于长期的计划经济体制，使得很多的科研资源、资金和设备都流向了高校，因此，高校有非常多的科技成果，企业跟高校合作，可以共享资源，实现生产要素，尤其是知识要素的新的组合，实现科技成果转化，从而获得竞争优势。能够为科技成果的转化、生产要素的新的组合做出贡献的组织才能参与知识流动，否则就会被踢出企业—大学知识链或者企业—大学知识链解体。

（5）知识流动的方式。根据知识流动方式的性质，知识流动的方式分为直接流动和间接流动。直接流动一般都是正式的知识流动，间接的流动方式是一些非正式的知识流动方式。知识的直接流动方式是由大学和企业的正式合作方式决定的，知识流动依附于各种合作方式，不同的合作方式呈现出不同的知识流动特点。根据世界经济与发展组织（OECD）[①] 的报告以及其他的研究资料[②]，一般分为如下几种方式。

第一，契约型研究方式（Contract Research）。这种合作的基础是特定的项目。企业根据市场的需求，提出围绕新产品、新工艺和新技术研究开发项目，并把项目以契约的方式委托给大学并提供资金，大学根据项目的要求，借助大学的优势资源和人才，进行项目研究开发。在这种合作方式中，知识双向流动，大学在研究开发的过程中始终要与企业保持沟通，明确目标和任务。对于企业而言，不仅能最后获得有一定市场价值的科技成果，并能在合作过程中进行学习，提高自身的研发能力。但是，由于这种方式受到资金、课题任务、合作伙伴能力以及合作周期等因素的影响，知

---

① 李铁林. 世界优秀钢铁企业产学研合作研究 [J]. 湖北经济学院学报（人文社会科学版），2010（03）：54 - 5.

② 安慧娟. 产学研合作模式研究 [D]. 天津：天津大学，2009.

识流动在现实中往往不可持续，随着项目的结束而结束。由于企业和大学存在实际的物理距离，因此，在交流沟通和交互学习方面都存在不方便、不彻底、消化吸收难度高等特点。

第二，知识、技术转让（Knowledge Transfer or Technology Transfer）。这种方式通常围绕专利技术、技术秘密和实施许可等无形资产的使用权出让的一种经济法律活动。这种方式中，通常是高校出让技术，企业接受技术。但一般只是使用权的转让，出让方还是拥有技术的所有权，只不过在实际情况中，这种使用权的出让周期比较长。技术转让模式是企业和大学合作的最常见的方式，知识和技术首先从大学流向企业，即供应方和需求方实现交接，但这并不代表转让结束。由于科技成果中存在大量的隐含经验类知识，所以供应方必须参与需求方的后续工作，在成果小试、中试、大规模生产以及市场化过程中，实现知识在企业与大学之间双向交互流动，促进科技成果成功转化为技术创新，实现市场价值。但在实际情况中，知识交流往往是一次性或者是短暂的，随着技术转让的结束而结束，后期的交互学习比较少，而且停留在表面层次，这也是我国大量引进技术，不能消化吸收的原因之一。

第三，联合攻关模式。这种合作方式是指针对某一课题，大学和企业共同研究开发，寻找解决问题的方法。这种模式，通常都是针对某一课题，从大学和企业中抽出一部分合适的人选组成临时研发团队，对特定的项目进行研究开发。在这种模式中，企业和大学的合作可以是市场行为，也可能是政府主导和引导行为。市场行为下，企业和大学是自发地根据市场发展的规律和需求，提出研究项目，进行联合研发。政府主导下的联合攻关是由政府对涉及国家在经济、科技发展过程中的关键问题和重大问题或者涉及国家安全战略的技术要求企业和大学进行的大规模联合研究，企业和大学是按照政府的安排进行研究，这些研究多有国家计划和财政支持。如我国 20 世纪 50 年代和 60 年代组织的"两弹一星"、1986 年的"863"计划、1988 年的"火炬"计划、1992 年的"星火计划"、美国的阿波罗计划、欧盟的伽利略计划等。政府引导下的联合攻关通常是在政府的科技计划和科技政策的引导下进行的，许多纵向课题的申请就要求必须是企业和大学联合研究才能得到申请资格和资金支持；如我国 1993 年的《中华人民共和国科学技术进步法》指出"鼓励高校、企业和科研机构的联合和协作，增强研究开发、中间试验和工业性试验能力"、美国的先进计划、德国的主体研发计划、法国的科技协作行动计划等。这种模式与技术转让和委托研究这两种方式相比，企业和大学的合作更为紧密，更为深入和广泛。由于为了一个共同的研发目标，组建了临时的研发团队，因此企业和大学之间的交互学习和交流更为频繁，也更为深入，但毕竟是临时研发团队，往往在项目结束后或者政府的资助结束后，团队成员回归各自的组织，临时团队结束，知识和创新难以沉淀。

第四，共建研究中心、实验室及工程技术中心等科研基地的合作方式。这种模式是指企业和大学按一定比例出资、出设备和人力共同组建科研基地。目前，这种模式主要有两种方式，一种是企业和大学共同选择高科技项目，共同成立联合科研机构，由企业负责科研经费，大学提供人才和技术并且吸收企业高技术人才参与研发工作；另一种方式是高校和企业共建中试基地，大学负责实验室工作，并且指导企业进行中间试验，成功后，按合同分成。由于这种模式，企业和大学有共同的合作意向和方向，共建实体，具有达成一致的组织结构和组织制度，因此，企业和大学的合作是持续的、紧密的。大学和企业的科技人才在零距离的环境下工作，非常有利于隐含经验类知识的交流，使交互学习更加深入，知识流动和知识共享更加顺畅，基础理论知识、实验知识与工程技术开发知识、市场知识的结合更能推进知识创新、产品创新和技术创新。这类例子有哈尔滨志阳汽车电子股份有限公司与哈尔滨理工大学共同组建了哈尔滨理工大学志阳汽车电子研发中心[1]；宝钢与东北大学共建"EPM 联合研究材料电磁过程实验室"，并与上海交大共建"汽车板使用技术联合研究室"[2]。

第五，组建公司组织形式的研发实体。这种模式是指企业和大学通过出资或者技术入股的形式组建科研实体。主要有两种形式，一种是企业和大学组建研、产、销一条龙的高科技实体，采用有限责任公司的组织形式。第二种形式是大学技术入股，把高科技成果算成股份入股公司，采用股份

---

① 谢龙. 不同模式下产学研联盟运行机制研究［D］. 哈尔滨：哈尔滨理工大学，2008.
② 李铁林. 世界优秀钢铁企业产学研合作研究［J］. 湖北经济学院学报（人文社会科学版），2010（3）：54－5.

制合作方式。无论是哪一种形式的研发实体,企业和大学都是利益共同体,遵循市场规律,追求经济利益。大学的科技优势和企业的生产优势结合,进行技术开发和技术经营,双方合作比以上的方式都要紧密,目标明确,任务清晰。这种模式下的知识流动更为顺畅,为了一个共同的目标,双方都要努力融合资源,优势互补,提高知识的传递与吸收能力,创造知识价值。

第六,内部一体化模式。这种模式是指大学开办企业,使大学的科技成果自己进行产品化、市场化和产业化。大学既是科研的主体,也是把科学技术转化为现实生产力的创新主体。大学拥有很强的科技优势,但是大学往往不熟悉市场规律和市场需求,校办企业把两者结合起来,实现内部一体化,应该说是产学最紧密的联合,校办企业的管理者一般都是由学校委派的,因此,具有一定的技术背景,更有利于管理和技术的结合,但是由于校办企业的大部分人员都来自于大学,大学的运作方式和文化与企业组织形式存在很大的差距,因此,知识在内部的流动即使非常顺利,有很强的技术成果,也能够把技术成果产品化,也有可能很难市场化和产业化,技术知识在与经济知识和社会知识融合的过程中,存在难度。

第七,大学的工业伙伴计划。许多大学建立一些计划,在这些计划中与工业进行合作,采用会员制的方式,企业交纳会员费,学校允许企业进入大学,利用大学的资源、设备以及科技成果等。这种合作方式中,尽管企业和大学的联系不是很紧密,但是一般都是比较长期的合作。在长期的合作中,使双方对彼此的文化和组织方式都很熟悉,因此,使得知识流动和知识共享趋于便利,在长时间的合作中,也使得知识能够积累和沉淀。

第八,大学科技园和孵化器方式。大学科技园是指依托大学的科技优势、人才优势、科技成果、人文区域特征、基础设施、实验设备以及国家的优惠政策,建立良好的创新环境,通过创办科技企业或者高技术企业,实现科技成果的转化,培养高技术企业和企业家为宗旨的科技企业孵化器。大学科技园的任务就是利用大学的资源,培育和孵化高科技企业和企业家。高校利用各种形式和途径,把自己的高科技成果扩散到大学科技园中的企业中,同时吸引社会风险投资基金,共同促进企业的发展,孵化出高新技术企业。这种形式的合作具有地理便利性，大学和企业同处一个科技园，具有相同的文化和区域特征，企业和大学的交互学习会更有效，知识流动更顺畅，知识传递更有效，知识的吸收度更高，技术创新的效果会更好。

第九，产业技术联盟。这种模式是指一个或者多个产业中互相分工、互相关联的企业、高校和其他组织，通过资源共享、合作研发、互相代理等方式达成战略合作关系的一种产学合作的新型组织形式。这种组织形式一般致力于关键的产业共性技术研发的长期合作，这种共性技术一般研发周期长、风险大、资金需求多，一家企业无法承担，因此，这种联盟的形式最有利于这类技术的研发，由于企业和大学同处一个产业，相互有共同的技术背景、产业背景和市场知识，因此，知识创造呈螺旋上升，有利于产业的发展，促进区域和社会经济发展。

第十，人才联合培养和交流模式。这种模式是指大学和企业通过人才培养专项基金、大学学生在企业实习、大学研究人员或者教授在企业担任顾问之职、企业人员在大学接受培训、企业和大学共建教学实践基地等方式促进人才的联合培养和交流。这种方式促进了大学的理论基础知识同企业的实践知识的交流和融会，促进了高校的人才培养和企业工作人员的学习能力和技能的提升。但是，这种方式中企业和大学的合作不是非常的紧密、集中和专业，因此，很多时候会是非正式的，停留于表面的交流和学习。知识在这种模式中的流动没有上述方式有效和集中。

（6）企业—大学知识链的吸力和张力。企业—大学知识链上的知识流动之所以存在，是因为链条上存在吸力和张力，吸力和张力同时存在，在吸力和张力的共同作用下，知识流动才能进行，呈螺旋上升。吸力是指企业和大学的合作有共同的目标，在优势互补的原则下，实现共赢，创造知识。张力是指企业和大学之间的不同，这种不同包括文化、组织制度的不同，技术和市场背景知识的不同，学习能力、消化吸收能力的不同等，这种不同使双方随时面对联盟解体，企业—大学知识链断裂，因此需要不断地交互学习、主动学习，创造知识价值，当然这种不同是在一定范围内的不同，超出这个范围，企业—大学知识链就会断裂，联盟解体。

3.3 企业—大学知识链冲突①②

3.3.1 企业—大学知识链冲突的定义

企业和大学之间的张力在于企业和大学的不同，这种不同，即企业和大学之间的冲突。企业—大学知识链自组建之日起，两组织之间的冲突便相伴而生。在企业—大学知识链的运行过程中，知识流动与知识共享涉及不同的组织、部门和个人，由于不同主体的差异性，知识链组织之间不可避免会发生各种各样的冲突。冲突是两组织关系不协调的结果，是两组织分歧的结果，表现为组织之间的不同意见、负面情绪，甚至是行为对抗③。冲突涉及主体和客体两个方面，冲突的主体是企业、大学及企业或者大学参与项目的员工，冲突的客体是文化、知识、利益、权力、方法、程序、目标、价值观、信息等。冲突是涉及主体和客体的一种关系范畴，没有主体的需求、欲望、想法、情感和行为，冲突不可能存在，没有客体的功能、属性和价值，冲突也无所谓冲突。因此，冲突既有因不同的价值观、目标、战略等引起的冲突，也有因不同的客观事实引起的冲突，如企业消化、吸收再应用知识的能力差等。因此，本书把企业—大学知识链冲突定义为：企业和大学两组织之间由于不同的行为、目标或者文化以及不对称的能力所产生的矛盾积累到一定程度所表现出的一种不和谐状态。这种不和谐的状态会使企业和大学对知识链的组建不满意、没有重新组建的意图或者干脆直接停止知识链运行。

3.3.2 企业—大学知识链冲突的特征

企业—大学知识链冲突具有如下特征。

---

① 杨红燕，顾新，陈光. 基于 TRIZ 的企业－学校知识链冲突解决研究 [J]. 情报杂志，2011，30（08）：17－21.
② 杨红燕，吴绍波. 企业－大学知识链冲突定义工具研究 [J]. 科技进步与对策，2016，33（24）：129－133.
③ 顾新，吴绍波，全力. 知识链组织之间的冲突与冲突管理研究 [M]. 成都：四川大学出版社，2011.

（1）二重性。企业—大学知识链冲突按其产生的结果可以分为建设性冲突和破坏性冲突两种。建设性冲突是指冲突控制在一定范围之内的张力，这种张力使企业和大学能够努力积极向上，提高自己的能力，提高相互合作的意愿，这种张力具有良性作用，推动知识在企业和大学之间的流动。但当冲突超出一定范围后，建设性的良性冲突功能就转化为破坏性冲突的破坏功能，两组织之间的知识流动受阻，合作意愿被破坏，企业—大学知识链面临断裂。

（2）伴随性。自企业—大学知识链组建之日起，冲突便相伴而生。企业—大学知识链冲突是伴随着知识流动过程中的分歧和不同而存在，而只要进行知识流动，分歧和不同就会因为两组织文化、目标、利益等的不同而存在，因此知识流动存在，冲突就会存在，知识流动结束，冲突结束。

（3）周期性。冲突从产生到结束是具有周期性的。企业—大学知识链具有生命周期，一般分为婴儿期、组建期、发展期和解体期。企业—大学知识链冲突是伴随企业—大学知识链而存在的，因此企业—大学知识链冲突本质上就是矛盾产生、发展、变化和终止的动态过程。这个动态过程分为潜在期、知觉期、意向期、行为期和结果期，相对应的冲突为潜在冲突、知觉冲突、意向冲突、行为冲突和结果冲突。

（4）不确定性和非线性。影响企业—大学知识链冲突的主客观因素和环境因素很复杂并具有不确定性，因此，很难用统一的模型和数学表达方式表示冲突的内在机理。冲突的产生和发展变化只能凭先前的具有相似情境的经验，然后根据目前的特定情境，给出相应的冲突管理策略，由于复杂的产生因素和影响因素的相互作用，没有统一的模式可以利用。

3.3.3　企业—大学知识链冲突的类型

企业—大学知识链冲突形成过程中涉及不同的主体，不同的条件和原因，存在不同的形态和层次结构，因此，从不同的角度划分，企业—大学知识链冲突具有不同的类型。

（1）企业—大学知识链冲突从冲突的形态划分为潜在冲突、知觉冲突、意向冲突、行为冲突和结果冲突。潜在冲突是指在企业—大学知识链的婴儿期产生的冲突。这种冲突发生在即将进行合作的企业和大学之间，冲突是一些潜伏的前提条件和原因，并没有表现出显性的冲突，但是，冲突一旦产生，这些潜伏的前提条件和原因就会是导致冲突的根源和必要条件；知觉冲突是指在冲突的认知阶段存在的一种冲突形态。当企业和大学两种冲突主体逐渐意识到潜在存在对立、不一致和分歧，于是把这种潜在的冲突转化为有知觉的、感觉得到的显性的低级阶段的不激烈的冲突。意向冲突是在冲突的意向期表现出来的一种冲突形态。在知觉期，双方都意识到存在的矛盾，双方主动对矛盾进行分析、定义和推断，并根据这种分析结果采取对对方的应对措施和策略的意向行为。但是意向行为并不是最后双方采取的行为，虽然两者之间存在密切的关系，但并不代表意向行为必然导致相同的行为结果，因为影响冲突的主客观因素和环境因素比较复杂，会影响冲突主体的判断、分析和最终的实际行为，但是，在意向行为中，对冲突的分析、判断正确与否会对最终的实际行为产生很大的影响。行为冲突是指在冲突的行为期表现出来的一种冲突形态。大学和企业在行为期会根据先前的行为意向和其他主客观因素和环境因素，最终确定一种冲突行为，这种冲突行为是一种显性的高层次的激烈的冲突。结果冲突是在冲突的结果阶段表现出来的一种冲突的形态，是指采取的冲突实际行为给双方带来的是赢—赢、赢—输还是输—输的结果。

（2）企业—大学知识链冲突从冲突层次结构划分为个人层次冲突（个人内在的冲突、人际冲突、个人与群体冲突，其中个人与群体冲突包括个人与科研团队的冲突、个人与大学的冲突、个人与项目组的冲突、个人与企业的冲突）、群体层次冲突（项目组之间的冲突、科研团队之间的冲突、个人层次冲突）、组织之间的冲突（企业和大学之间的冲突、群体层次冲突和个人层次冲突）。个人层次冲突是所有冲突的基础和支撑。群体冲突起到一个承上启下的作用，组织层次冲突包含和制约个人层次冲突和群体冲突。

（3）企业—大学知识链冲突从冲突主体划分为科研工作者与学校管理者之间的冲突、科研工作者与企业项目参与者之间的冲突、科研工作者与企业项目经理之间的冲突、学校管理者与企业项目参与者之间的冲突、学校管理者与项目经理之间的冲突、项目参与者与项目经理之间的冲突。企业—大学知识链冲突涉及和参与的主体有科研工作者、学校管理者、企业项目参与者、项目经理，因此，这四类主体两两构成 6 类冲突。

（4）企业—大学知识链冲突从冲突的条件划分为有人的因素引起的冲突和由物的因素引起的冲突。冲突是不同主体对相同的客体的处理方式的分歧所产生的心理或者行为对立的矛盾状态①。不同主体对客体的不同倾向，加上不同主体之间可能的文化、价值观、目标等产生冲突的前提条件的不同，主体之间会产生心理上或者行为上的不和谐的状态。冲突离不开主体和客体两个部分。因此，从冲突产生的条件角度划分，冲突分为人的因素引起的冲突和物的因素引起的冲突。人的因素引起的冲突是人与人之间紧张状态的表现，有不同意见、负面情绪和行为对抗等；物的因素引起的冲突是与客体的不同属性和功能相关的冲突，如知识传递过程中，传递方的传递能力、渠道的选择、接收方的消化吸收能力等都会影响知识流动，从而产生冲突。

（5）企业—大学知识链冲突从冲突原因划分为知识冲突、知识产权冲突、个体特征冲突、社会资本冲突。知识冲突是指企业和大学在进行知识流动过程中，由于知识的原因而产生的冲突，比如知识类型、知识专有化、信息不对称或者是隐性知识难以传递等；知识产权冲突主要指由于知识产权引起的冲突，如知识产权的权属问题、技术标准问题、商业秘密等；个体特征冲突是指企业和大学在进行合作时，由于企业和大学两组织个体特征的不同所导致的冲突，比如大学追求的是社会价值，企业追求的是商业价值，大学追求长期利益，企业追求短期利益等；社会资本冲突是指企业和大学进行知识流动时，由于社会资本（如承诺、信任等）的原因而产生的冲突。

---

① 马新建. 冲突管理：基本理念与思维方法的研究［J］. 大连理工大学学报（社会科学版），2002，23（3）：19 – 25.

3.4　企业—大学知识链冲突管理的重要性

企业—大学知识链是在知识更新速度越来越快、研究周期越来越短的背景下，为了知识共享、知识流动和知识创造，企业和大学构建而成。但自从企业—大学知识链建立之日起，冲突便相伴而行，如果不能有效地引导冲突、管理冲突，冲突必将导致企业和大学对知识链构建不满意，甚至导致企业—大学知识链断裂，因此，有效管理企业—大学知识链冲突非常有必要，其重要性体现在以下几个方面。

（1）促进知识创造。企业—大学知识链构建的目的就是知识创造。企业为了能够从外部获得知识源，并整合企业和高校的资源，提高企业的竞争优势，一个捷径就是同大学建立知识链。如果知识链上存在冲突，则知识流动就会不畅，知识共享受阻，最后必定影响知识创造，这与企业的初衷相悖。因此，有效的企业—大学知识链冲突，可以促进知识创造，提高企业的竞争能力。

（2）促进知识网络的形成。知识网络是由知识链构建而成，如果企业能够有效地引导和管理冲突，发挥建设性冲突的正面效应，遏制破坏性冲突的负面影响，则企业和大学都会对已经建立的知识链感到满意，不仅会继续合作下去，而且还会扩大或者开发新的项目。当企业有了有效的管理冲突的方法和经验，企业就会在行业内具有好的名声，其他的大学就会愿意同其合作，企业就能扩大知识链，逐步形成知识网络。

（3）促进大学研究。虽然企业和大学合作的项目大多数是应用研究和技术开发项目，基础研究的项目相对比较少，应用研究和技术开发项目也可以促进大学基础研究的发展。企业提供的资金支持，正好填补了大学研究的资金缺乏，可以进一步资助大学的研究。如果能够有效地管理企业—大学知识链冲突，则大学的研究可以继续深入挖掘，不仅能为企业创造效益，也能为人类添加公共知识。

（4）促进学习。流动在企业—大学知识链上的知识有隐性知识和显性知识。显性知识容易传递，但是隐性知识却难以交流，因此，隐性知识的难以编码化容易引起企业—大学知识链冲突，有效管理这种类型的企业—大学知识链冲突，可以促进隐性知识向显性知识的转化，这个过程也是一个不断学习、消化和吸收的过程。建立企业—大学知识链知识库可以把大量的隐性知识进行保存，并能够检索和学习。

（5）促进组织创新。企业和大学在组织结构和制度上有很大的差异。这种差异就会造成企业—大学知识链冲突，因此，有效解决和管理企业—大学知识链冲突，就要求企业在组织结构或者制度上进行创新，使企业有一个开放的组织结构和文化，信息不仅能在企业内部迅速传递，而且也能在企业和大学之间有效传递。

进行企业—大学知识链冲突管理的目的就是要找到冲突的本质，并针对冲突的本质寻找最佳的解决方案。只有找到有效的管理工具，才能在双赢的基础上，彻底解决冲突，因此，要有效管理企业—大学知识链冲突，首先要识别、分析冲突产生的本质、根源、类型和发生的阶段等，了解冲突问题是什么，即要建立冲突问题定义工具；其次根据冲突的本质，确定使用什么策略进行管理，即要建立冲突管理策略工具和冲突管理知识库。现在的问题是，如何建立这些工具。

3.5 基于 TRIZ 的企业—大学知识链冲突管理研究框架[①]

企业—大学知识链冲突的研究对象为两组织之间的冲突现象和冲突问题以及管理冲突的一般经验和策略。企业—大学知识链冲突管理强调的冲突不仅是可以造成知识链断裂或者知识联盟解体的破坏性冲突，而且也包括能够促进企业和大学两组织知识流动的建设性冲突。对企业—大学知识链冲突进行管理，就是要激发和引导建设性冲突，发挥其正面效应的同时消除和转化破坏性冲突的负面效应，使其改变冲突的方向、属性和水平。对建设性冲突和破坏性冲突的有效管理可以提高企业和大学的知识流动、知识共享和知识创造，提高企业和大学合作的绩效，从而提升大学的科研能力和企业的竞争优势。

---

① 杨红燕，顾新，陈光. 基于 TRIZ 的企业－学校知识链冲突解决研究［J］. 情报杂志，2011，30（08）：17－21.

　　企业—大学知识链冲突管理不仅研究显性的冲突行为以及冲突的影响结果，也包括隐性的潜在冲突、知觉冲突和冲突意向，利用冲突管理策略对冲突进行管理，引导、转化和解决冲突。企业—大学知识链冲突管理涉及的冲突是不同层次、不同主体的冲突。企业—大学知识链冲突是不同层次、不同主体的冲突相互作用、相互影响的结果。

　　由于企业—大学知识链非常复杂，而且冲突是非线性的和不确定的，因此冲突管理没有固定和通用的模式可以遵循。然而冲突管理者在长期的冲突管理过程中，对冲突现象和冲突问题有深入的理解，积累了丰富的冲突管理策略，这些策略对于处于相同情境的其他冲突管理者而言，有非常重要的借鉴作用，不用重新摸索和试验，以致增加成本，浪费资源，阻碍创新。因此，寻找和总结不同情境下的冲突管理策略也是冲突管理的一个重要的研究对象。利用冲突策略管理企业—大学知识链冲突时，隐含着三个前提假设：（1）政府的政策是静态的。政府的政策会影响企业和学校的合作。比如说，美国的 1980 年杜拜法案制定了统一的专利政策，取消了一些许可证限制。更重要的是，规定政府资助项目所产生的专利归研究机构所有。这促进了大量学校和研究机构的新技术转移到企业①。在英国，为了促进大学研究的商业化以及大学和企业进行合作，英国政府制订了高校挑战、科学型企业挑战以及高等教育创新基金三个计划②。为了促进知识转移和技术转移，各国政府都建立了相应专利、许可证、剥离企业的政策、计划。但是好的政策可以促进发展，不恰当的政策只会阻碍发展。比如说瑞典和美国在成果转化上实行的由上而下和由下而上两种不同政策导致了两种截然不同的经济结果③。况且政策和计划都是在一定范围内制订的，都有其局限性。所以由于政策的原因，企业和大学在合作过程中可能产生冲突和矛盾。比如在很多情况下，企业只能被迫接受政府强加的知识产权政策。知识产权政策也很有可能使企业和学校办理合作手续出现冲突。政策是由

---

　　① LOCKETT A, SIEGEL D, WRIGHT M. The Creation of Spin-off Firms at Public Research Institutions: Managerial and Policy Implications [J]. Research Policy, 2005, 34: 981 – 93.

　　② RETSEPTOR G. Inventive Principles in Customer Satisfaction Enhancement [J/OL]. 2007, http://www.triz-journal.com/archives/2007/01/04/.

　　③ GOLDFARB B, HENREKSON M. Bottom-up versus top-down policies towards the commercialization of university intellectual property [J]. Research Policy, 2003, 32: 639 – 58.

政府在一定的时期内制定的，要改变一项政策也不在企业和学校的能力范围内。本书致力于建立可操作的冲突管理方法，因此假定政府的政策是静态的，即在一段时间内是不改变的。改变和修改政策的解决方案不在本研究的讨论范围之内。（2）人是理性的。按照行为学家杜布林的冲突分类模型，冲突可分为实质的和个人的。实质的是指涉及技术上或行政上的因素的冲突；个人的指涉及个人情感、态度、个性的因素的冲突①。个人的稳定性特征（个性）引起的冲突，由于加入了个人的喜怒哀乐、偏好、嫉妒、憎恨等情感因素，使冲突脱离了客观事实，而本书研究的冲突管理方法具有领域普适性的原因就在于，方法是建立在相同的工作原理（working principle）基础上的，而情绪带来的冲突太过分散、太过偶然、太过情绪化，没有基本原理可寻，因此，这类冲突不在本书的研究范围值内。同时，本书假设人是理性的，人在处理问题时，会本着双方利益最大化原则，即双赢的原则，宽容和理解对方的文化因素。（3）知识商业化是高校主要职能之一。传统观点一直认为高校的主要职能是为社会增加公共知识和提供人才②。所以高校的激励制度是同行评议，通过发表文章和著作受到同行的认可和尊重，而不是金钱。但是随着科学技术的发展，科学技术成为经济发展的内生变量，科学技术的重要性更加突出。同时，国家创新体系理论的推广，使高校成为经济发展不可缺少的重要角色。高校知识、科技的产品化、商业化成了一个趋势。大部分高校把科研项目作为一个考核的指标，甚至部分高校把与企业合作的项目作为高指标。而只有企业和高校都看重知识、技术的商业化，才能有合作。因此本书假设知识商业化是高校的主要职能之一。

在萃智理论基础上，本书尝试建立企业—大学知识链冲突问题定义工具和问题解决工具，即企业—大学知识链冲突问题定义工具、企业—大学知识链冲突参数、企业—大学知识链冲突原理、企业—大学知识链

---

① 杜布林·冲突系统分析模型 [EB/OL]. 2012. http：//wiki. mbalib. com/wiki/% E6% 9D% 9C% E5% B8% 83% E6% 9E% 97% E5% 86% B2% E7% AA% 81% E7% 9A% 84% E7% B3% BB% E7% BB% 9F% E5% 88% 86% E6% 9E% 90% E6% A8% A1% E5% 9E% 8B.

② F. – S. VINCENT W. An empirical study of university-industry research cooperation-the case of Taiwan [C]. The workshop of the OECD – NIS Focus on Innovation Firm and Networks. Rome，2000.

冲突矛盾矩阵表和企业—大学知识链冲突知识库。具体研究框架如图
3-1 所示。

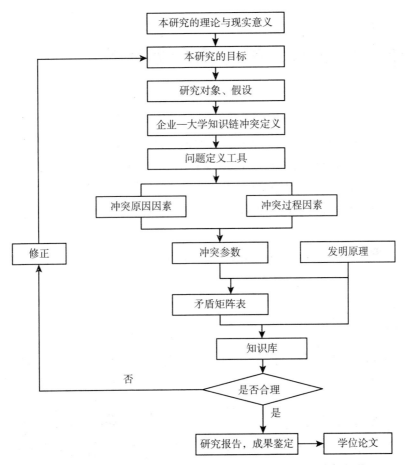

图 3-1　基于 TRIZ 的企业—大学知识链冲突管理研究框架图

| 4 |
企业—大学知识链冲突问题定义工具^①

要对企业—大学知识链冲突进行有效管理，必须分析企业—大学知识链冲突产生的根源和企业—大学知识链冲突涉及的主体以及冲突发生在什么层次，弄清楚企业—大学知识链冲突的本质，这就是要对冲突问题进行定义，本章的目的就是设计企业—大学知识链冲突问题定义模型和步骤。

4.1 故障树分析方法

故障树（事故树）分析（FTA）是故障诊断的重要方法之一。故障树分析是美国贝尔电话研究所在 20 世纪 60 年代提出的一门主要用于事故原因分析和事故风险评价的技术；1962 年，该项技术运用于美国研制民兵导弹发射控制系统并取得了不错的成果；后来播音公司的改进使此方法可以用计算机模拟，用于飞机的安全性分析。我国在 20 世纪 80 年代初引入该项技术，1980 年中国电子学会在上海衡山宾馆召开了第一次可靠性数学讨论会，会上有学者介绍了故障树分析技术。此后，这项技术广泛用于工程技术领域，并成为分析预测和预防事故的重要方法，目前，故障树分析技术是公认的对复杂系统的安全性、可靠性进行有效分析的一种方法^②。

该方法是把系统最不希望发生的故障作为故障分析的目标，然后找出导致这个故障发生的全部原因及原因组合，然后再找出造成这些原因或者

---

① 杨红燕，吴绍波. 企业－大学知识链冲突定义工具研究 [J]. 科技进步与对策，2016，33（24）：129－133.

② 史定华，王松瑞. 故障树分析技术方法和理论 [M]. 北京：北京师范大学出版社，1993.

原因组合的最直接的原因因素，直到这些原因为最基本的原因因素，即已知的故障机理，就不用再分析下去了。通常情况下，我们把系统最不希望发生的事件，即故障分析目标，称作顶事件；不用再往下分析的事件为基本事件或者底事件，它位于故障树底端，而介于基本事件和顶事件之间的事件叫作中间事件，中间事件是顶事件的原因，但同时又是底事件的结果。因此，故障树分析技术是一种"与""或""非"逻辑图演绎法。在系统设计过程中，把系统故障与导致这些故障的各种原因因素都用一系列特定含义的专门符号按一定规则形象地描绘成倒立树状的逻辑图表，即故障树，也称为事故树，能直观地反映系统故障与单元故障之间的相互关系，从而确定系统发生故障的原因、原因组合以及途径①。故障树分析技术的核心部分是故障树的构建，为了使故障树便于阅读、交流和分享，建树时按一定规则用专门的统一符号表示。

4.2　企业—大学知识链冲突问题定义分析过程

企业—大学知识链冲突问题定义分析的目的就是要找到企业—大学知识链上存在的冲突并且明确冲突是什么，并把冲突表达成技术冲突，即改善一个参数的同时恶化另外一个参数，所以企业—大学知识链冲突问题定义分析的目标就是找出技术冲突的改善要素和恶化要素。企业—大学知识链冲突问题定义分析过程就是找到冲突组成要素的过程。企业—大学知识链问题定义分析过程如图4-1所示。

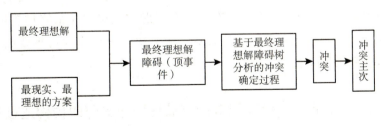

图4-1　企业—大学知识链冲突问题定义分析过程

---

① 马力辉. 面向多冲突问题的 TRIZ 关键技术研究［D］. 天津：河北工业大学，2007.

4.2.1　利用最终理想解问题定义工具确定最终理想解障碍（顶事件）

最终理想解是在理想度演化路线上最为理想的状态，在没有任何成本任何危害的情况下，收益最大，能实现这种状态固然是最好的，但是在一定的技术和时代背景下，这种理想状态只是将来的演化方向，目前无法实践，只是概念模型，因此，我们要找到一个从最终理想解结果朝向当前形势的沿线上能够利用当前的技术和资源实现的方案。确定最终理想解障碍（顶事件）的步骤如下。

（1）利用最终理想解问卷从最终理想解结果这点开始初步判断该方案是否能够实现，如果判断结果不能实现，则往回走一小步，然后利用问卷再进行测定，直到测定点上方案能够实现，则不用再往回走了，这一点上的方案就是当前问题最为现实、最为理想的方案，也即目前问题的最终理想解。

（2）确定最终理想解的障碍。利用最终理想解问卷调查的前三个问题来确定最终理想解的障碍，这也就是最终理想解障碍树的顶事件。这三个问题如下：

- 系统的最终目的是什么？
- 最终理想解结果是什么？
- 是什么阻止你实现这个最终理想解（实现最终理想解的障碍）？

第一个问题是系统要实现的功能；第二个问题是第一步中获得的结果；第三个问题是这一步的关键，针对第二个问题，找出阻止最终理想解实现的障碍，要识别所有的障碍，但也要分清主次，着重解决最重要的障碍，这个障碍就是顶事件。

4.2.2　企业—大学知识链冲突最终理想解障碍树构造过程

最终理想解问题定义工具不仅能够很好地指引我们冲突所在，而且给我们一个非常有效的思考方式，那就是从最终理想解出发，而不是从当前状态出发，但是，最终理想解问题定义工具，只给了一个冲突所在的范围和方向，至于具体的冲突组成要素是什么，工具并不能够具体地指出，因此，本书在故障树分析方法①基础上建立最终理想解障碍树，并利用此方法，确定冲突。

4.2.2.1 最终理想解障碍树的概念

最终理想解障碍树是一种利用事件符号、逻辑门符号描述各种事件之间的因果关系的倒立树状的逻辑因果关系图。故障树中把系统最不希望发生的故障作为分析目标，即顶事件；最终理想解障碍树的顶事件是阻止系统实现最终理想解的障碍，从这些障碍开始，找出导致这些障碍的直接因素，直到无须再深究的原因因素，即基本事件（底事件）为止。在最终理想解障碍树中基本事件（底事件）之间存在一定的因果逻辑关系，然后各自通过一定的符号与中间事件、顶事件相连。底事件是只输入不输出的事件，也就是，仅仅只是其他事件的因；中间事件居于底事件与顶事件之间，是底事件的果，但又是顶事件的因。最终理想解障碍树分析就是通过构建最终理想解障碍树，寻找阻止最终理想解实现最根本的原因，确定冲突的组成要素。

4.2.2.2 构建最终理想解障碍树的目的和作用

最终理想解障碍树是企业—大学知识链冲突问题定义工具中的一个环节，存在的最大目的就是为了确定具体的企业—大学知识链冲突，找出组成冲突的基本要素，基本要素就是不用也不能再分析下去的底事件。

最终理想解障碍树的主要作用如下。

（1）最终理想解障碍树能够理解阻止最终理想解实现的障碍与障碍生成的原因之间的逻辑关系，能够清楚地看到这些因素的影响程度。

（2）最终理想解障碍树的设计过程中，对原因加入一些界定范围和类型，于是从顶事件开始到最后的底事件为止，原因产生的分类和过程一目了然，非常清晰，以便最后参数的提取。

---

① 史定华，王松瑞. 故障树分析技术方法和理论 [M]. 北京：北京师范大学出版社，1993.

（3）基本事件（底事件）即系统的最基本的障碍原因必须要克服，因此，这些原因因素就是组成技术冲突的改善参素。

4.2.2.3　最终理想解障碍树的基本名词和符号体系

最终理想解障碍树是由专门的事件和一定的符号组成，下面对这些事件和符号——进行解释，事件符号和解释如表 4－1 所示：

表 4－1　　　　　　　　事件名称、符号及含义表

事件名称	对应的符号	符号名	事件含义
基本事件（底事件）	圆形（○）	圆形	无须再往下探明原因或者不能探明原因的事件
未探明事件	菱形（◇）	菱形	原则上需要探明原因但实际上暂时无法探明原因或者不必探明原因的事件，按基本事件处理
顶事件	长方形（▭）	长方形	结果事件，仅仅是输出事件，位于顶端，是阻止最终理想解实现的障碍
中间事件	长方形（▭）	长方形	顶事件的因，底事件的果，既是输入事件，也是输入事件，位于顶事件与底事件之间
正常事件	房形	房形	对输出事件必不可少的事件，按基本事件处理
条件事件	圆角矩形	圆角矩形	规定了逻辑门起作用的事件
相同转移符号	正三角形（△）	正三角形	避免画图时重复，转入或者转出字母数字为代号的相同的子树
相似转移符号	倒三角形（▽）	倒三角形	避免画图时重复，转入或者转出数字为代号的相似的子树

在最终理想解障碍树中，逻辑门用来表明事件与事件之间的逻辑因果关系，逻辑门符号如表 4－2 所示：

表 4 - 2　　　　　　　　　　逻辑门名称、符号及含义表

逻辑门名称	对应的符号	逻辑门含义
与门		仅当所有的输入事件都发生时，输出事件才发生
或门		只要有一个输入事件发生，输出事件就发生
非门		输出事件是输入事件的对立事件
顺序与门条件	条件顺序	当输入事件按一定条件顺序发生时，输出事件才发生
条件与门	条件A	当输入事件中所有的事件同时发生，还必须满足条件 A 时，输出事件才发生
条件或门	条件A	当输入事件中只要有一个事件发生，还必须满足条件 A 时，输出事件才发生
禁门	α	当输入事件满足一定条件 α 时，输出事件才发生

4.2.2.4 最终理想解障碍树构建的假设和原则

假设：

（1）底事件相互之间是独立的。底事件之间不存在互不相容（互相排斥）的事件。

（2）各事件只取发生或不发生两种状态。最终理想解障碍树中存在的事件假设只有"要么发生""要么不发生"两种状态。

（3）系统只有正常和故障两种状态。

原则：

（1）构建最终理想解障碍树前，一定要对系统非常熟悉和了解，构建障碍树时要明晰、合理、循序渐进；要始终明白顶事件是阻止最终理想解实现的障碍，对障碍的定义要正确，并选好顶事件，顶事件是最终理想解障碍树的根，因此，选择好顶事件，最终理想解障碍树就已经成功了一半。

（2）建树时，遵循从上而下逐渐构建的原则，先列出同一逻辑门下所有的直接原因，然后再往下发展，同一逻辑门下事件往下发展时，遵循从左到右的顺序，并且在左边事件没有列出全部原因之前，不要去发展右边的事件。

（3）建树寻找原因时，尽量列出直接原因因素，而不是间接原因，用直接原因代替间接原因。

（4）画好的最终理想解障碍树，对各种特殊事件和特殊门进行删除和转换，变成只含底事件、顶事件、中间事件以及"与""或""非"三种逻辑门的规范化障碍树。

（5）建树时不允许不经过顶事件或者中间事件，门与门直接相连，门与门的直接相连，代表设计者的草率或者设计者不够熟悉系统。

（6）重视共因事件。共因事件是导致不同结果事件的共同原因，因此，在整个最终理想解障碍树中是非常重要的因素，如果是共因底事件，一定要重视由这些因素组成的冲突。

4.2.2.5 最终理想解障碍树构建的步骤

构建最终理想解障碍树是最终理想解障碍树分析的最基本、最关键的环节。通过建造最终理想解障碍树，设计者会透彻了解系统，逐步发现冲突和冲突产生的最根本的原因，然后才能管理和解决冲突，使系统处于正常、良性状态。

准备阶段：

（1）广泛收集与问题相关的技术、经济和管理知识以及问题产生的背景知识。

（2）组建造树小组。造树小组由企业—大学知识链团队的 3 ~ 5 人组成，组成人员都是合作项目的成员，即企业和大学的相关参与合作的成员。

（3）明确最终理想解障碍的定义，设定造树假设和一些边界条件的界定。

造树阶段：

（1）确定顶事件。广泛收集资料，深入了解问题，熟知问题产生的背景以及企业—大学知识链各方对问题的看法、态度以及对未来的期望和目标，把阻止最终理想解实现的障碍作为最终理想解障碍树的顶事件。

（2）界定第一层直接原因发生的类型。企业—大学知识链冲突是指企业和学校两组织之间由于不同的行为、目标或者文化以及不对称的能力所产生的矛盾积累到一定程度所表现出的一种不和谐状态。冲突一方面是两组织关系不协调的结果，是两组织分歧的结果，表现为组织之间的不同意见、负面情绪和行为对抗；另一方面，冲突是与客体相关，与感知、情感等的人的因素无关，如企业消化、吸收再应用知识的能力差等。因此冲突的形成可以分为人为因素和客观因素两方面的原因。在最终理想解障碍树构建的第二步把所有导致顶事件的直接原因分别放入这两大类中，以界定原因发生的类型。

（3）界定第二层原因发生的冲突层次结构和冲突主体。企业—大学知识链冲突冲突层次结构主要划分为个人层次冲突、群体层次冲突和组织之间的冲突。在分析第二层原因时，要界定冲突发生的冲突层次结构，同时要确定冲突发生的主体。

（4）界定底事件的原因属性。企业—大学知识链冲突从冲突原因划分为知识冲突、社会资本冲突、知识产权冲突、个体特征冲突。对无法分析下去或者不用分析下去的底事件界定原因属性，并确定这些冲突发生在申请报告阶段、启动阶段以及交付阶段的哪一个阶段。

（5）绘制最终理想解障碍树。把顶事件放入顶端长方形中，将引起顶事件的全部直接原因用事件符号表示，并根据企业—大学知识链冲突的实际逻辑情况，用相应的逻辑门符号把事件联结起来。遵循建树的假设和规则逐渐从上往下绘制最终理想解障碍树。

（6）定性分析。求出最小割集，确定组成冲突的基本组成要素，并用结构重要度计算各冲突基本组成要素的主次关系。

4.2.2.6　最终理想解障碍树的规范化

画好的最终理想解障碍树，对各种特殊事件和特殊门进行删除和转换，变成只含底事件、顶事件、中间事件以及"与""或""非"三种逻辑门的规范化障碍树。因此，最终理想解障碍树的规范化，即对画好的最终理想障碍树的特殊事件和特殊门进行等效转换，以下是一些等效转换的规则。

特殊事件：

未探明事件按基本事件处理；正常事件按基本事件处理；条件事件结合逻辑门进行转换。

特殊门：

（1）顺序与门变换为与门的规则。顺序与门变为与门的规则是其他输入不变，把条件当作一个新的输入条件，输出不变。

（2）条件与门变换为与门的规则。逻辑门仍然为与门，其他输入事件不变，把条件当作一个新的输入条件，输出事件不变。

（3）条件或门变换为或门的规则。逻辑门仍然是或门，或门下是原输入事件与条件事件的与门。

（4）控制门变换为与门的规则。输入事件不同，把条件当作一个新的输入事件，输出事件不变。

4.2.2.7　规范化的最终理想解障碍树的逻辑简化

最终理想解障碍树描述的是能够让顶事件发生的基本事件之间的逻辑关系。规范化的最终理想解障碍树，绝大部分都会有逻辑冗余的现象，因此，我们需要逻辑简化障碍树，缩小规模，减少分析工作量，提高工作效率。障碍树逻辑简化的目的就是要获得导致顶事件发生的原因和原因组合，以及导致顶事件发生的最小的底事件的组合，即障碍模式。最终理想解障碍树的逻辑简化有三种方式：直观检查法、布尔代数简化法、模块分解法。模块分解法用于非常复杂的障碍树的逻辑简化，通常使用的就是直观检查法和布尔代数简化法。

（1）直观检查法。直观检查法是根据逻辑门的定义，经过分析判断，把障碍树中的多余的分支减去，简化障碍树。这种方法对于不太复杂的最终理想解障碍树是非常高效、直观的方法。

（2）布尔代数简化法。直观检查法是非常高效、直观的方法，但是有些障碍树的逻辑冗余隐藏得非常深，仅从外在的直观逻辑分析中，很难判别出来，因此需要用到布尔代数简化法。逻辑代数是布尔代数的一种，自然可以用布尔代数来表达底事件之间的逻辑关系。布尔代数有三种基本运算，逻辑与、逻辑或、逻辑非分别对应与、或、非三种逻辑。布尔代数运算遵循的法则如表4-3所示，用1表示事件发生，用0表示事件不发生。

表4-3 布尔代数运算法则

数学符号	名称
$A \cdot B = B \cdot A$ $A + B = B + A$	交换律
$A \cdot (B \cdot C) = (A \cdot B) \cdot C$ $A + (B + C) = (A + B) + C$	组合律
$A \cdot (B + C) = A \cdot B + A \cdot C$ $A + (B \cdot C) = (A + B) \cdot (A + C)$	分配律
$A \cdot A = A$ $A + A = A$	幂等律
$A \cdot (A + B) = A$ $A + (A \cdot B) = A$	吸收律
$A + \overline{A} = 1$ $A \cdot \overline{A} = 0$ $\overline{\overline{A}} = A$	互补律

续表

数学符号	名称
$\overline{A \cdot B} = \overline{A} + \overline{B}$ $\overline{A + B} = \overline{A} \cdot \overline{B}$	德摩根律
$A + (\overline{A} \cdot B) = A + B$ $A \cdot (\overline{A} + B) = A + B$ $\overline{A} + (A \cdot \overline{B}) = \overline{A} + \overline{B}$	重叠律
$A + 0 = A$ $A \cdot 1 = A$	保持律

4.2.2.8　最终理想解障碍树的布尔代数表达法

用布尔代数的逻辑代数来简化最终理想解障碍树，首先就要弄清楚布尔代数与障碍树分析之间的关系，根据逻辑门的定义，把障碍树的逻辑门表达成布尔代数。最终理想解障碍树分析是通过逻辑门来描述事件与事件之间的因果关系，描述的时候先从顶事件开始，然后往下分析到基本事件，这个过程，根据事件与事件之间的本质逻辑因果关系，考虑用不同的逻辑门表示，因此逻辑门的运用跟布尔代数是一致的。事件与事件之间的本质逻辑因果关系既可以用布尔代数表示也可以用最终理想解障碍树的逻辑门表示，逻辑门跟布尔代数之间存在一一对应的关系。对应规则如下。

最终理想解障碍树中的"或门"同布尔运算中的"+"一致，因此如果或门的输出事件为 B，输入事件为 A_1，$A_2 \cdots A_n$，或门的布尔表达式为：$B = A_1 + \cdots + A_n$。

最终理想解障碍树中，"与门"同布尔运算的"·"相符，因此如果与门的输出事件为 B，输入事件为 A_1，$A_2 \cdots A_n$，与门的布尔表达式为：$B = A_1 \cdot \cdots \cdot A_n$。

最终理想解障碍树中的"非门"对应布尔运算的"-"，因此如果与门的输出事件为 B，输入事件为 A，则 $B = \overline{A}$。

根据最终理想解障碍树与布尔代数的一致关系，利用布尔运算法则，简化规范化的障碍树，改变障碍树的结构，得到逻辑简化的障碍树，这棵障碍树与之前复杂的障碍树是等效的，因此，对于一个问题而言，不是仅存在一棵最终理想解障碍树，而是有很多棵等效的最终理想解障碍树。

把最终理想障碍树用布尔代数表示的目的就是，利用各层门的布尔表达式以及应用各种布尔运算法则，简化最终理想解障碍树，得到最终理想解障碍树的最小割集。

4.2.3　企业—大学知识链冲突组成要素的确定（最小割集的确定）

4.2.3.1　最终理想解障碍树最小割集的定义

最终理想解障碍树的割集是指能导致最终理想解障碍树顶事件发生的底事件的组合。最小割集是指能够导致最终理想解障碍树顶事件发生的最小数量的底事件的组合。最小数目的底事件组合是指去掉组合中的任意一个事件，该组合就不能成为最终理想解障碍树的割集，也就是这些事件的发生不能导致顶事件发生。任何规范化的最终理想解障碍树都是由一定数目的最小割集构成，它们对于障碍树的顶事件来说是唯一的。单个事件的最小割集，只要这个事件发生，顶事件就发生，因此一般来说，它对顶事件的影响程度比较大。多个事件组成的最小割集表明只有当这些事件同时发生，顶事件才会发生。在企业—大学知识链系统中，导致顶事件发生的冲突往往不是单个冲突，而是多冲突的集合，而最小割集就代表了导致顶事件发生这些"冲突的集合"，虽然只要管理和解决最小割集中一个事件构成的冲突，顶事件就不会发生，但是其他时间引起的冲突不能有效管理和解决，顶事件发生的概率还是很大，因此最好能够管理和解决所有这些要素构成的冲突。

4.2.3.2　最终理想解障碍树最小割集的目的

（1）探明最终理想解障碍产生的原因和原因组合，以及顶事件发生的一种障碍模式。

（2）确定企业—大学知识链冲突的基本组成要素。

（3）可以进行结构重要度分析，明确冲突组成要素的主次关系。

4.2.3.3 最终理想解障碍树最小割集的求法

为了确定最终理想解障碍树的最小割集，首先要把已经建好的障碍树规范化，然后把规范化的障碍树进行逻辑简化，也就是运用布尔代数表达规范化障碍树的逻辑门，使用"下行法"对顶事件进行展开和置换，也就是从顶事件向下逐步展开逻辑门使其成为积之和形式，删除多余项，剩下的各项即为最小割集。利用布尔运算规则进行展开和置换时，用得最多的就是分配律和吸收律。

组成最小割集的基本事件都可能是组成企业—大学知识链冲突的基本要素。由于最小割集表明的是顶事件发生障碍的一种障碍模式，因此最小割集中的基本事件是障碍产生的最根本的原因，若要使障碍消失，就要解决这些最根本的原因，改善这些基本要素，使其不发生，则顶事件也不会发生，因此，我们可以把最小割集中的基本事件看作企业—大学知识链冲突中需要改善的参数，当这个参数改善后，会引起系统的哪个参数恶化，恶化的参数和改善的参数就组成了一对技术矛盾。

4.2.4 企业—大学知识链冲突主次分析

利用最终理想解障碍树的最小割集判断结构重要度属于障碍树的定性分析，如果底事件发生的概率差别不大，不考虑障碍树发生的概率，那么仅从障碍树的结构位置判断底事件的重要性程度是一种非常简单高效的方法，这种方法就是利用最小割集判断结构重要度。判断底事件重要性排序，即构成冲突要素的主次关系，遵循如下一些规则。

（1）按照最终理想解障碍树最小割集包含底事件的多少进行排序。单事件最小割集列为一阶，双重事件最小割集为二阶，三重事件为三阶，如此类推。阶数越小的割集是顶事件越重要的障碍模式。阶数相同，底事件的重要性相同，处于同一割集的底事件，重要性相同。如割集 $\{x_1\}$，$\{x_2,x_3\}$，$\{x_4,x_5,x_6\}$ 分别为 1 阶、2 阶、3 阶割集，其事件的重要性排序为 $x_1 > x_2 = x_3 > x_4 = x_5 = x_6$。

（2）根据事件在最小割集中出现的次数排序，出现次数越多的底事件对于顶事件来说，影响程度越高。出现次数相同，重要性相同。同一割集的事件，在其他割集中出现次数越多的事件越重要。例如 $\{x_1，x_2\}$，$\{x_2，x_3\}$ 中 $x_2 > x_1 = x_3$。

（3）阶数的排序比在割集中出现次数多的排序更具有优先性，即阶数小的事件比阶数大，但在多个割集中出现的事件更重要。例如 $\{x_1\}$，$\{x_2，x_3\}$，$\{x_2，x_4\}$ 中 $x_1 > x_2 > x_3 = x_4$。

利用最小割集判断结构重要度可以得到冲突构成要素的主次关系，但是，这种定性分析虽然简单高效，但是不够精确，我们还可以利用定量分析来确定冲突的主次关系，利用最小割集，可以计算顶事件的概率以及基本事件发生的概率，但是由于企业—大学知识链系统，并不是产品系统或者是装备系统，因此我们很难判断底事件发生的概率或者频率，因此不适合利用最终理想解障碍树的定量分析方法来确定冲突的重要性。

4.3　最终理想解障碍树例子分析

图 4-2 是一个实际的最终理想解障碍树例子，本书用此来说明基本符号、逻辑门符号、逻辑简化、布尔代数表示、最小割集以及结构重要度。

图 4-2 所示的例子中，知识流动不畅的原因有 3 个，即知识传递能力差、知识吸收能力差以及隐瞒知识，这 3 个原因中，只要其中一个发生，知识流动不畅就会发生，因此，用或门连接；知识传递能力差是由不理解知识类型和渠道不合适两个原因共同导致的，因此，用与门连接；知识吸收能力差由技术背景不同和学习能力差共同导致的，学习能力差是由时间有限和技术知识不够两个原因共同导致，因此，学习能力差是一个中间事件，连接门都是与门；声誉和知识产权中任何一个原因都能导致隐瞒知识，因此，用或门连接，而金钱利益和声誉中的任何一个原因都能导致知识产权纠纷，因此，也用或门连接。

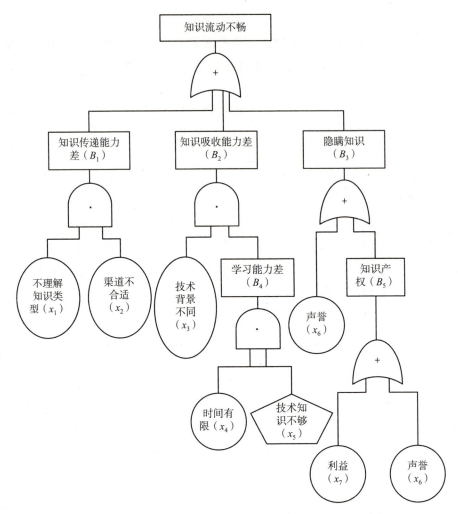

图 4 – 2　企业—大学知识链冲突最终理想解障碍树分析案例

这棵最终理想解障碍树用布尔代数表示为：$T = B_1 + B_2 + B_3 = x_1 \cdot x_2 + x_3 \cdot x_4 \cdot x_5 + x_6 + (x_6 + x_7) = x_1 \cdot x_2 + x_3 \cdot x_4 \cdot x_5 + x_6$，因此，最小割集为 $\{x_1, x_2\}$，$\{x_3, x_4, x_5\}$，$\{x_6\}$，根据结构排序原则，其结构重要度排序为：$x_6 > x_1 = x_2 > x_3 = x_4 = x_5$，由此可见，改善 x_6 带来的冲突是最主要的冲突，可以根据参数的重要程度以及现有资源的供给程度及可获得性来决定首先解决哪些冲突。

| 5 |
企业—大学知识链冲突参数[①]

找到冲突的本质后，就要把冲突表达成标准萃智问题。标准萃智问题是由改善的参数和恶化的参数构成，那么参数究竟该如何表达呢？参数是萃智理论的重要组成部分。本书尝试构建企业—大学知识链冲突参数。参数由企业—大学知识链冲突原因因素和企业—大学知识链上知识的实际传递过程来确定。因此，我们首先要确定的是构成参数的原因维度和过程维度。本书通过理论分析和实证分析，确定企业—大学知识链冲突参数的原因维度。

5.1 企业—大学知识链冲突参数的原因维度分析[②]

5.1.1 企业—大学知识链冲突参数的原因维度理论分析

5.1.1.1 知识因素

组织间知识流动的本质就是实现不同组织的知识资源的有效整合。创新是生产要素的新的组合，也是知识流动的结果。企业—大学知识链建立的目的就是实现知识创新，因此，知识流动是企业—大学知识链最为基本，但也是最为重要的活动之一。知识流动不畅，企业—大学知识链就会产生

---

① 杨红燕，陈光. 企业－大学知识链冲突管理知识库构建研究 [J]. 科技管理研究，2016，36（14）：95－100＋106.

② Hongyan Yang, Empirical Analysis on the University－industry Knowledge Chain Conflict Reasons, Revista Ibérica de Sistemas e Tecnologias de Informação（RISTI），2016，（E8）：39－48.

冲突。因此，影响知识流动的因素，也会造成企业—大学知识链冲突。知识因素是影响知识流动的一个主要因素。

（1）知识类型。迈克尔·波拉尼（1996）从知识获取和传递的难易性这个角度，将知识分为显性知识（Explicit Knowledge）和隐性知识（Tacit Knowledge）[①]。显性知识是指能够用系统、规范的方式表达的知识。显性知识能够编码化，通常是以语言、文字等结构形式表达和存储，如产品外观、说明书、文件、公式、数据库以及计算机程序等。隐性知识是指难于编码化、难于形式化、难于清晰化，个体化程度高的知识。这类知识通常是一些主观的知识，比如个人经验、感悟、技术诀窍、心智模式、价值观念等，很难用文字、语言或者图像这些常用的表达方式描述清楚。这类知识是个体或者组织在长时间的学习和实践中积累而成。

显性知识可以用语言、文字等结构性形式表达，因此，易于分类、整理和表述，也容易被接受和领会。这类知识通常可以储存在书籍、数据库、程序、手册、公式等介质中。显性知识可编码化的特性使其非常容易传播和扩散，因此，只要通过一些常规的正式方式就可以获得，比如贸易、技术转让、版权转让、出售等形式。显性知识是客观知识，容易被理解，可以储存于公共知识库中，实现时间和空间的分离，因此，显性知识传播和扩散的成本低、速度快，可以多次重复使用，提高知识流动的效率。隐性知识与显性知识不同，它储存在人的大脑中，储存在组织的专业技能、特殊关系中，也储存在组织的规范、态度和决策程序中。隐性知识很难用常规方式表达，因此，不易被整理和加工处理。难以编码化的知识只有通过面面相授、干中学、用中学等交互方式才能被传递，因此，大大降低了传播、扩散的效率，提高了知识流动的难度[②]。然而，在知识的海洋中，显性知识只是冰山一角，绝大部分的知识都是隐性知识。隐性知识难以传递，但是容易隐藏，因此，在企业和大学的合作过程中，往往会引起冲突。

（2）知识传输渠道。知识传输渠道有正式渠道和非正式渠道两种形式。知识传输的正式渠道的形态是由企业和大学的合作方式，即企业—大学知

---

① POLYANI M. The Tacit Dimension [M]. London：Routledge&Kegan Paul，1966.
② 顾新. 知识链管理——基于生命周期的组织之间知识链管理框架模型研究 [M]. 成都：四川大学出版社，2008.

识链形成方式决定的，不同的合作方式有不同形式的传输渠道，通常来说，主要有专人负责联络、跨组织的特定任务小组、跨组织的委员会等方式。这些方式将企业和大学，为了知识创造这样一个共同的目标，联系在一起。有了传输渠道，知识就可以在组织间流动，实现知识资源的整合，实现知识共享和知识创造。每条知识链可能有一条正式的知识传输渠道，也可能有几条正式的知识传输渠道，不是渠道越多，知识传递越有效，而是最合适的方式才是最有效的，因此，每条知识链应该找到适合自己的知识传输渠道，否则就会造成知识流动不畅，从而造成企业—大学知识链冲突。非正式的知识传输渠道是指个人或者组织通过社会网络、社会关系使知识进行流动。显然，非正式的知识传输方式可以丰富正式的传输方式，拓宽了现有的传输渠道，使知识的流动更加顺利，尤其是隐性知识的传递。因此缺乏非正式传输方式，会缩小知识的传输渠道，很有可能会造成企业—大学知识链冲突。

（3）知识吸收能力。知识吸收能力是指个人或者组织理解、处理信息和知识的能力。企业—大学知识链建立后，知识在链条上流动，影响流动效率的因素之一就是对方的吸收能力，好的吸收能力不仅能接受知识，而且能对知识进行处理和加工，实现知识创造，但是弱的吸收能力不仅降低了知识的质量，而且使双方对于知识流动产生的绩效不满意，因此，这会导致企业—大学知识链冲突。不是所有的知识都能够容易地流动，流动需要时间，而且也需要接受者具有相关的条件。个人或者组织的知识吸收能力与其先期所拥有的知识密切相关。知识流动是以一定的技术基础和知识基础为前提条件的。好的吸收能力取决于接受者对于技术的理解，只有知识的接受方具有相关领域的先期知识和经验，才能更好地理解、分辨新知识，并把新知识与自己前期的知识存量有效整合，创造出属于个人或者组织的新知识。知识接受者的知识存量越多、技术基础越雄厚，越有利于个人或者组织间的知识流动。

影响知识吸收能力的因素，除了知识接受者的知识基础外，传递知识的双方应具有一定的相似性。个人或者组织间的相似程度越多，代表两者之间具有更相似的文化、价值观、语言系统、规范、沟通方式、理解能力等，因此，更有利于知识的传递和吸收。当然，如果两者之间相似程度过高，则知识的相似性也会过高，因此，也没有必要进行知识传递，但如果两者之间相似性很低，则说明知识流动会受到因个人或者组织的文化、沟通、语言等的不同带来的阻碍。因此，有利于知识吸收的个人或者组织之间应具有一定的相似性，但不是相同①。

（4）知识传递能力。知识传递者的传递能力会影响知识流动的质量和效率。知识传递者应该具有识别不同知识的能力，不同的知识应该使用不同的方式和传输渠道进行传递，才能减少知识的损失，提高知识的传递质量和效率。显性知识比较简单，可以通过公共平台或者有形中介进行传递。但对于隐性知识，必须面对面交流，必须干中学、用中学，因此，传递难度较显性知识要高，传递者必须要懂得传递知识的属性和特性，然后根据接受者的情况，选择合适的方式进行传递，否则会大大降低知识的质量，甚至无法使知识流动。另外，知识传递者的表达能力、演示能力都会影响知识的传递。表达不够清晰，演示不够到位，都会造成接受方的理解难度。

5.1.1.2　知识产权因素

知识产权（Intellectual Property）是指权利人对其所创作的智力劳动成果所享有的专有权利。知识产权保护，是通过立法、司法、执行等途径，对知识产权所有人的合法权益实施保护②。法律保护是对所有权人的专有权和广大消费者的社会公共权益的一种平衡协调。知识产权是一种无形的财产或者说是一种特殊的商品，知识产权保护具有三个明显的特征：第一，专有性（垄断性）。知识产权具有独占性、排他性，它属于权利人所有，不经权利人的许可，任何人都不得侵犯。第二，地域性。知识产权只受到获得知识产权的国家地域范围内的法律保护，在其他国家不发生效力，不受到法律保护。第三，时间性。知识产权受保护的时间有一定限制，即权利人只能在一定期限的法律保护时间内才享有知识产权的所有权和使用权。超出保护期限，知识产权为公共知识财产，而非个人所有③。这样做的目

---

① 顾新.知识链管理——基于生命周期的组织之间知识链管理框架模型研究［M］.成都：四川大学出版社，2008.

② 张双武，讲美仕.知识产权薄荷与科技成果转化的冲突及其协调［J］.湖南大学学报（社会科学版），2002，16（4）：83-5.

③ 蔡四青.国际竞争中技术创新与知识产权保护的冲突与对策［J］.经济问题探索，1998（2）：54-6.

的，是为了知识的有效传播和扩散，促进技术创新，为人类的知识宝库添砖加瓦。

知识产权可以分为两类：工业产权和著作权。工业产权包括创造性成果权力，即发明专利、实用新型、外观设计和识别性标志权力，即商标、服务标记、厂商名称、产地标记或原产地名称、制止不正当竞争。近年来，商业秘密、微生物技术、遗传基因技术也成为工业产权保护的对象。著作权包括人身权，即发表权、署名权、修改权和保护作品完整权等，还包括财产权，即作品的使用权和获得报酬权。近年来，计算机软件和集成电路也成为著作权保护的对象①。知识产权保护的对象是"知识"本身，知识是构成知识产权法律关系的前提和基础。客体是指基于对知识产权对象的控制、利用和支配行为而产生的社会利益关系或社会关系。知识产权客体是知识产权对象与一定的法律产生相互作用的结果。因此，不同主体对同一对象（知识）产生不同的客体，也即不同主体对同一对象（知识）从不同的角度加以控制、支配和利用而产生不同的利益关系②。不同的利益关系都受到知识产权单行法的保护，形成不同的法律关系客体，因而产生冲突，这是知识产权内部冲突；当然还存在知识产权与人格权、物权等的冲突。知识产权涉及知识产权所有人（创作者）、知识产权投资人（出版者、风险投资者、信息分析专家等）、知识产权消费者。知识产权所有人希望通过加强知识产权的控制，通过合理收费取得报酬；知识产权投资人希望花少量的时间和精力，获得高的报酬；知识产权的消费者希望通过最低的费用使用或者合理使用方式接近知识产权产品。因此知识产权专有性与公共利益之间也存在冲突。

无论通过何种形式建立企业—大学知识链，企业—大学知识链建立的目的都是为了知识创新、技术创新。技术创新和知识产权具有内在的一致性。首先，技术创新和知识产权保护的对象都是知识；其次，知识产权是通过保护个人的权益，鼓励个人积极创新、主动创新，间接推动经济和社会的发展，而技术创新通过知识的产品化，直接推动经济和社会的发展；

---

① 百度百科. 知识产权［EB/OL］.［2013 – 03 – 01］. http：//baike. baidu. com/subview/18255/11191707. htm？fr = aladdin.

② 蒋万来. 我国知识产权冲突的成因以及解决［J］. 浙江学刊，2004（2）：166 –170.

知识产权贯穿于智力成果的取得、利用和管理的整个过程，而技术创新从知识产品到有形产品的每个环节都要做好知识产权的保护①。企业—大学知识链涉及的知识产权包括技术类知识产权、标识类知识产权、著作类知识产权以及信息类知识产权。技术类知识产权主要分为专利技术和非专利技术（技术秘密，由个人负责保护，所有人虽不具有专利权但具有财产权）；企业—大学知识链涉及的标识类知识产权主要有注册商标、服务标记、商号和名称；著作类知识产权主要是指以作品形式表现的知识产权，企业—大学知识链涉及的著作类知识产权主要有文学艺术作品，自然科学领域的教材、论文、著作、工程和产品设计图纸、计算机软件以及音像作品等；信息类知识产权是指未经公开的，以信息形式表达的知识产权，主要有统计数据、实验数据、配方、样式、编辑产品、程序、设计、方法、技术和工艺等商业秘密。

自从企业—大学知识链建立后，关于知识产权（最主要形式为专利）②的争端成为企业—大学知识链的主要冲突。知识产权争端的本质就是企业—大学知识链建立双方的利益分配问题。在一些案例中，企业的积极性很高，大学提供的技术也很好，可是，双方合作过程中举步维艰，原因就在于创新利益没有得到很好地分配和处理③。关于财政性资金资助的科研项目所形成的知识产权的归属问题由相关立法规定，而且实施的原则是"法优先于约定"（如中国的《科学技术进步法》）④，立法不可能在短时间内修改，产学研联合创新的主体也不可能控制这类冲突。因此，这类知识产权冲突不在本书的研究范围之内。

（1）技术成熟判断标准。首先，无论在技术转让还是技术开发中，企业和大学判断一项技术的成熟标准往往不同。企业以追求利润最大化为标

① 张双武，蒋美仕. 知识产权保护与科技成果转化的冲突及其协调 [J]. 湖南大学学报（社会科学版），2002（4）：83 – 5.
② BART V. University research, intellecutual property rights and european innovation systems [J]. Journal of Economic Surveys, 2006, 20（4）：607 – 32.
③ 易玉，刘祎楠. 产学研合作中的知识产权问题研究 [J]. 工业技术经济，2009（7）：7 – 10.
④ 李恒. 产学研结合创新中的知识产权归属制度研究 [J]. 中国科技论坛，2010（4）：53 – 9.

准，因此，往往以这项技术能否在最短时间内转变为市场接受的产品为标准来判断一项技术的成熟度。而大学注重技术研发过程中是否符合科学规律和科学方法，是否得出了科学的结论。虽然，大学也重视科研成果的"市场性"，但毕竟大学没有置身于市场中，对市场的需求变化不敏感①。其次，有一些大学的科研成果已经是高水平的技术，或者虽然与领先技术具有一定的差距，但是更符合开发市场需求的产品，但是企业为了规避风险，往往用领先技术水平来判断技术成熟与否，这就造成双方的评断标准不一样。最后，利用一些新的研究成果技术实现的产品在环保、品质、卫生等方面没有统一的标准[2]，当企业投入大量资金做前期准备时，国家颁布了有关的新的规定，而利用新技术开发的新产品不符合某些规定，导致产品不能推向市场，因此，企业和大学会就"技术是否成熟、可靠"展开争议。

（2）权属。随着政府资助的减少，大学从技术出让、专利许可以及专利转让等方式中获得大笔收入后②，大学把知识产权作为经济收入的一个重要来源③，因此，大学也越来越争取占有在与企业合作过程中产生的成果的知识产权，而企业为了智力成果的直接应用，提高企业竞争力和保护可能的利益，不愿意与大学分享知识产权，总是希望占有自己投资的，与企业发展密切相关的一切技术成果和可能的专利权利。双方都想占有知识产权，就会产生冲突。大学的知识创造更多是为了为人类的知识宝库添砖加瓦，因此，大学的考核体系也更加注重的是论文或者专著的公开发表。而企业追求的是利益最大化，追求的是竞争优势，所以，更希望享有知识的垄断权，由于目的的不同，因此，围绕知识产权就产生了冲突。企业和大学的权属问题包括原始权属的争议和后续改进成果的权属争议。原始权属争议是指在技术转让或者技术开发中，由于合同约定不明、对权力性质存在认识上的错误以及客观情况发生变化，当事人产生错误的认识等原因导致的

---

①　程亮. 论产学研合作中的知识产权纠纷及解决［J］. 科技管理研究，2012（6）：164－6，205.

②　GELIJNS I C M C A, MAZZOLENI R, ROSENBERG'BHAVEN R R N N, et al. How Do University Inventions Get Into Practice? ［J］. MANAGEMENT SCIENCE, 2002, 48 (1).

③　GEUNA A, NESTA L J. University patenting and its effects on academic research: The emerging European evidence ［J］. Research Policy, 2006, 35 (6): 790－807.

对技术的产权归属，即技术成果的所有权权属、使用权权属以及转让权权属发生争议。一般，在技术转让过程中，所有权权属问题是比较明确的，但是在联合研究、委托研究等形式中，经常会发生权属争议。后续改进的成果是指，在合同双方前期的技术基础上进行再研究而形成的新的科技成果。当一项技术转让后，原专利方和专利实施方都有可能在原专利技术上进行再研究，获得更多的创新成果，这些成果利用了原专利技术，但也包含了研究方的后续资金、技术以及人员的投入。因此，在没有合同明确约定，双方各持己见，互不相让的情况下，这项成果的归属权也会导致企业—大学知识链冲突。另外，一项大学的基础研究进行专利许可时，围绕专利许可范围的宽度，也就是专利允许在哪些领域中应用，也经常会成为企业和大学争论的焦点①。

（3）技术价格。技术转让或者技术许可过程中，涉及双方对技术价值的认定，对技术作价。对于企业来说，总是希望以最小成本获得最大利益，因此，技术价格越低越好；相反，对于大学来说，技术价值越高，获得的转让费或者许可费就会越高②，因此，技术价格越高越好。在一般情况下，由于大学不熟悉市场的需求，往往会高估了技术的价值，而企业却要压低价值。在没有技术市场估价的科学评价标准和法律依据的情况下，双方往往因为利益诉诸点不同而产生冲突。如果技术转让采取的不是一次性付款，而是根据销售利润进行分配，那么如果受让方不诚信，故意隐瞒销售利润，一旦转让方有所察觉，也会引起冲突。另外，技术作价时，是根据当前情况和未来预测，对技术进行一个价值评估，由于技术的未来走势和技术的市场潜力受诸多因素的影响，当技术估价与未来的实际情况相差甚远时，企业和大学就会因技术价格而产生冲突。

（4）职务发明。《合同法》中指出："职务技术成果是指，执行法人或者其他组织的工作任务，或者主要是利用法人或者其他组织的物质技术条件来完成的技术成果。这样的职务成果的使用权、转让权属于法人或者其

---

① CRESPI G A, ALDO G, ONDER N, et al. University IPRs and knowledge transfer: is university ownership more efficient? [J]. 2010, 19 (7): 627-48.

② 易玉，刘祎楠. 产学研合作中的知识产权问题研究 [J]. 工业技术经济，2009 (7): 7-10.

他组织所享有。"① 但是，在现实情况中，会出现因界定不明确而产生冲突。比如，大学的教师或者科研人员以自己的名义与企业合作，在合作过程中，利用了大学的物质技术条件，那么，这项科技成果的所有权究竟归谁所有呢？《合同法》中虽然规定了"主要利用法人或者其他组织的物质技术条件"，但是"主要利用"是模糊的，不确定的，在实际操作中，会引起大学与其科研人员之间的冲突，导致技术转让或者技术开发失败，最终导致企业—大学知识链断裂。如果一项技术不仅涉及大学与科研人员的冲突，也涉及大学与企业的冲突、科研人员与企业的冲突，那就更为复杂了。

（5）技术秘密及商业秘密。技术秘密是指，能够为所有人带来经济利益，所有人采取了保护手段的各种发明、制作、生产工艺及流程等。商业秘密是指，以信息形式表达的知识产权。技术秘密和商业秘密很难界限分明，具有交叉的关系。当企业—大学知识链建立后，各方在合作过程中，都会投入资金、技术、人员、信息等资源。一方难免会接触和涉及另一方的技术秘密或者商业秘密，当合作结束，或者有参与合作项目的人员的流动，都有可能导致技术秘密或者商业秘密的泄露，这无疑会给技术秘密及商业秘密的所有者带来巨大的经济损失。此类事情一旦发生，就会导致企业—大学知识链双方的冲突。另外，大学的职责在于为人类知识宝库添砖加瓦。大学的考核也要求科研人员有论文或者著作的发表。但是企业为了获得知识的垄断权以及害怕核心知识的泄露，因此，不允许公开发表和出版，这就会导致企业—大学知识链双方发生分歧。

综上所述，知识产权问题是企业—大学知识链最为关键的问题之一。知识产权问题已经成为企业和大学谈判过程中最大、最耗时间的一个问题②。知识产权纠纷直接影响企业与大学的合作，影响知识流动，无法达成企业—大学知识链建立的目的，因此，知识产权是企业—大学知识链冲突的一个非常重要的影响因素。

---

① 程亮. 论产学研合作中的知识产权纠纷及解决 [J]. 科技管理研究，2012（6）：164 – 6，205.

② HALL B H. University-industry research partnerships and intellectual property [C]. Proceedings of the NSF – CISTP Workshop. October，F，2001.

5.1.1.3 个体特征因素

（1）个人价值观。价值观形成是受很多因素综合作用的一个结果。这些因素有：个性、阅历、文化、经济条件、社会地位以及工作性质等①。个人与个人、团队与团队、组织与组织之间的价值观差异普遍存在。由于价值观不同，人们对待事物的看法、态度、目标等都会存在不同程度的差异，因此，往往因为价值判断、目标等的不同，产生分歧和冲突。

（2）个人目标。组织的成员都有个人自己的目标。如果个人的目标与组织的目标、团队目标或者与他人的目标不一致，很可能就会导致分歧和冲突②。

（3）个人角色。企业—大学知识链建立后，企业和大学会根据情况，建立跨组织的项目组，项目组成员因为身兼几职而扮演不同的角色，当原来组织的角色与项目组中的角色发生分歧时，也会产生冲突③。

根据以上情况，我们大胆猜测个人特征与企业—大学知识链冲突有密切关系。

5.1.1.4 社会资本因素

社会资本迄今没有一个统一的概念，学者从不同的角度、不同的研究内容对社会资本作出解释：社会资本（Social Capital）是"在社会网络和相应的关系中获得的优势"（Hitt et al.，2003）④。此研究指出，作为联盟开发过程的一个环节，以信息共享、信任以及互惠性规范存在的社会资本可以看作通过学习的方便性、新资源的建立以及组织间外部网络的巩固等

---

① 王琦，杜永怡，席酉民. 组织冲突研究回顾与展望 [J]. 预测，2004，23（3）：74 – 80，26.

② WONG C L，TJOSVOLD D，LEE F. Managing Conflict in a Diverse Work Force A Chinese Perspective in North America [J]. Small Group Research，1992，23（3）：302 – 21.

③ 迈克尔·T. 麦特森，约翰·M. 伊万舍维奇. 管理与组织行为经典文选 [M] //罗伯特·L. 卡恩. 组织中的角色冲突与角色不清. 北京：机械工业出版社，2000：219 – 34.

④ HITT M A，IRELAND R D，SANTORO M. Developing and managing strategic alliances，building social capital and creating value [M] //GHOBADIAN A，O'REGAN N，GALLEAR D，et al. Strategy and Performance：Achieving Competitive Advantage in the Global Marketplace. Houndmills：Palgrave Macmillan，2003.

方式来创造价值。"真实或者是虚拟资源的总和"是法国社会学家皮埃尔·布迪厄①的看法。美国社会学家詹姆斯·科尔曼②认为:"社会资本是社会结构某些方面的组成,社会资本同其他资本一样,具有生产性,如果缺失了这种资本,社会关系难以形成,目的难以实现。""处在网络或者更为广泛的社会结构中的个人调动稀有资源的能力"是亚历山德罗·波茨③的真知灼见。罗伯特④的观点是:"社会资本具有如信任、规范以及网络等特征,社会资本通过协调这些特征来提高社会组织效率。"王涛在其博士毕业论文《基于社会资本的知识链成员间相互信任机制研究》⑤中提出,"社会资本是指组织或者个人从通过相互联系和作用形成更多社会网络中获取稀有资源的能力,包括信任、规范以及网络。"笔者认为,社会资本是指组织或者个人在其组建的社会网络或者构建的相应关系中获得稀有资源的能力。社会资本离不开社会网络或者社会关系,没有社会网络和社会关系,社会资本也无法依存。组织的社会资本是个人社会资本之和。个人的非正式的社会网络是唯一的,很难复制,是个人长时间建立的社会关系⑥。如果个人与其他组织或者大学有过正式的合作(如联合研究、契约研究等),那么个人比较容易同该组织的成员有非正式的接触⑦⑧;如果个人是在当地大学毕业的,一般来说,更容易形成非正式的社会网络关系⑨;工作的流动

① BOURDIEU P, ACQUANT L. Invitation to Reflexive Sociology [M]. Chicago: University of Chicago Press, 1992.

② COLEMAN J. Social capital in the creation of human capital [J]. Amercian Journal of Sociology, 1988 (94): 595 - 121.

③ PORTS A. The Economic Sociology of Immigration: A Conceptual Overview [M] //PORTS. The Economic Sociology for Immigration: Essays on networks, Ethnicity and Entrepreneurship. New York: Russell Sage Foundation, 1995: 12.

④ PUTMAN R. Makeing Democracy Work [M]. Princeton: Princeton University Press, 1993.

⑤ 王涛. 基于社会资本的知识链成员间相互信任机制研究 [D]. 成都: 四川大学, 2007.

⑥ GIULIANI E. The selective nature of knowledge networks in clusters: evidence from the wine industry [J]. Journal of Economic Geography, 2007, 7: 139 - 68.

⑦ ALLEN J, JAMES A D, GAMLEN P. Formal versus informal knowledge networks in R&D: a case study using social network analysis [J]. R&D Management, 2007, 37 (3): 179 - 96.

⑧ LISSONI F. Knowledge codification and the geography of innovation: the case of Brescia mechanical cluster [J]. Research Policy, 2001, 30: 1479 - 500.

⑨ BRESCHI S, LISSONI F. Knowledge spillovers and local innovation systems: a critical survey [J]. Industrial and Corporate Change, 2001, 10 (4): 975 - 1005.

也会带来新的连接。因此，个人社会网络的连接一般是个人同以前的同事、同学、朋友或者其他人建立起来的①。

个人参与是指组织中的个人愿意并且非常愉悦地与其他环境中个人或者组织交往，并且为了维持组织之间的长期的良好的相互关系，愿意长期地投入时间和精力②。个人参与表明了个人具有维持企业和大学之间的长期关系的意愿，并且具有动力、决定和热情去投入到这份关系的建设中。一个核心人物投入另外一个工作环境的热情和内在动力，保持必要的努力来开发长期的关系，对其他环境的熟知对于企业—大学知识链的构建非常关键。由此可见，个人参与是促进社会资本的一条非常有效的途径，而且是社会资本建设和管理必不可少的环节，因此，个人参与是考察社会资本的一个因素。

对于企业—大学知识链来说，之所以信任非常重要，是因为这种合作中存在风险，一个联合研究需要交换敏感的信息，这些信息经常与组织的"竞争优势"有关③，如果没有信任对方的自信，那么一旦产生问题，风险过高，这就会阻碍企业—大学知识链的形成。另外，企业—大学知识链组建的目的就是为了获取知识，使知识能够顺畅流动，双方能够共享知识，没有信任，知识难以流动。信任使双方都有自信认为对方不会投机取巧，而有长期合作的意愿④。信任有利于降低关系的复杂性，也有利于信息和知识在组织之间的传递和流动。高度的信任是企业—大学知识链成功的非常重要的因素（Rappert et al, 1999）⑤，而个人参与可以促进双方的信任。

承诺是社会资本另外一个备受关注的因素。"承诺是与离开相关的金融或者其他的经济损失，是组织或者合作伙伴之间的情感连接和道德责任。"

① CHRISTIAN R Q. Knowledge flows through social networks in a Cluster: comparing university and industry links [J]. Structural Change and Economic Dynamics, 2009, 20: 196 – 210.

② CAROLIN PLEWA, QUESTER P. A dyadic study of 'Champions' in university-industry relationships [J]. Asia Pacific Journal of Marketing and Logistics, 2008, 20 (2).

③ JORDAN J. Controlling knowledge flows in international alliances [J]. European Business Journal, 2004, 16 (2): 70 – 1.

④ COUCHMAN P K, FULOP L. Risk in cross-sector R&D collaboration [M]. R&D Management Conference. Wellington, 2001.

⑤ RAPPERT B, WEBSTER A, CHARLES D. Making sense of diversity and reluctance: academic-industrial relations and industrial property [J]. Research Policy, 1999, 28 (8): 873 – 90.

承诺的这两种视角是管理学研究的重点。信任是开发稳定关系的愿望，是用短期的牺牲维持长期关系的自愿行为，是对关系稳定的一种自信。这个概念包括了态度承诺、行为输入、长期的耐力和一致性以及关系开发的努力等不同的构成要素（Anderson & Weitz，1992）[1]。企业—大学知识链涉及企业和大学两个不同环境和文化的组织，承诺对于消除由于不同的动机、语言、传统而产生的潜在障碍有很大的作用[2][3]。个人和组织能够遵守承诺，就会促进社会资本的发展，否则会削弱社会资本的发展。

　　个人经验与对合作者环境的熟悉相关。个人经验主要是指在合作者环境中的前期雇佣，比如，大学的学者曾经任职于合作的企业；或者以前有过合作的经验；或者经常与来自于合作方的员工接触。个人经验越丰富，代表了认知距离越短，认知能力越强。一个人任职于企业或者大学，并不代表着就能轻易地获取知识。个人必须是社会网络的一个部分，并且经常与企业或者大学有非正式的社会互动，才能缩短认知距离[4]。认知能力包括熟悉合作者对项目的要求，项目所要达到的目的，以及合作者对技术的要求、合作者所处的文化背景等。企业和大学在合作的过程中，双方正式的合作交流往往是不够的，还需要非正式的互动才能更加了解、更加明白对方对项目的各方面的要求，以及为什么要达到这样的要求。企业和大学在合作的过程中，个人经验非常有利于长期关系的开发[5]。大学研究人员有没有离开过大学的背景并不重要，重要的是有个人经验。

　　知识因素中有显性知识和隐性知识。隐性知识往往很难进行交流，溢出效应不大，也正因为这样，在知识流动过程中，双方往往会保留重要的隐性知识。比如说，虽然科技成果已经转化，但是，企业后期的进一步产

①　ANDERSON E，WEITZ B. The use of pledges to build and sustain commitment in distribution channels [J]. Journal of Marketing Research 1992，24（1）：18 – 34.

②　COUCHMAN P K，FULOP L. Risk in cross-sector R&D collaboration [M]. R&D Management Conference. Wellington，2001.

③　WILLIAMS F，GIBSON D V. Technology Transfer：A Communication Perspective [M]. Newbury Park，CA：Sage Publication，1990.

④　CHRISTIAN R Q. Knowledge flows through social networks in a Cluster：comparing university and industry links [J]. Structural Change and Economic Dynamics，2009，20：196 – 210.

⑤　CAROLIN PLEWA，QUESTER P. A dyadic study of "Champions" in university-industry relationships [J]. Asia Pacific Journal of Marketing and Logistics，2008，20（2）.

品开发和技术开发，都需要大学研究人员的进一步参与，因为成果转化中包括了很多隐性的知识。这种情况下，如果大学研究人员不能倾囊相授，企业就不会满意，破坏了企业和大学之间的信任、承诺等，这也会影响人际网络关系的建立，因为人与人之间会因为这些事情产生芥蒂。很多大学研究员反映，很难涉及到企业的核心知识，于是，他们的研究很难进展，这自然也会影响人际关系。

知识产权问题是一个非常复杂的问题，处理不好，直接影响企业—大学知识链的运行。由于知识产权问题很难进行谈判，而且谈判过程可能会产生很多矛盾、摩擦、不理解等。这些因素直接会影响到人与人之间的交往、看法。因此，如果知识产权问题处理不好，也会影响到社会资本的有效形成。

5.1.2　企业—大学知识链绩效评价

为了保持竞争力，组织关注组织绩效是非常有必要的。企业—大学知识链绩效评价实质上就是指，企业—大学知识链的运行是冲突的还是和谐的。组织绩效的测量有很多不同的方式。一般都用显性的财务指标进行测量，如利润、成本、销售量等。顾客满意度、产品开发率、竞争能力等隐性指标相对使用得比较少。但是，由于数据敏感性等原因，很多财务指标很难获得[①]。组织绩效可以使用替代物进行测量，替代物就是参与者对组织绩效的综合感知（Delaney & Huselid, 1996）[②]。

由于历史、文化、目标以及观念等的不同，企业和大学在定义企业与大学的合作关系（UIR）时，所用的准则或者指标会有所不同，这也就意味着，衡量企业—大学知识链成功与否的标准不同[③]。因此，笔者采用综合感知"和谐"来衡量企业—大学知识链的绩效。"和谐"是双方对这种合

①　RHODES J, HUNG R, LOK P, et al. Factors influencing organizational knowledge transfer: implication for corporate performance [J]. Journal of Knowledge Management, 2008, 12 (3): 84 – 100.

②　DELANEY J T, HUSELID M A. The impact of human resource management practices on perceptions of organizational performance [J]. Academy of Management journal, 1996, 39 (4): 949 –69.

③　DORTMUND U. Forschung erfolgreich vermarkten: Ein Ratgeber für die Praxis [M]. Berlin: Springer DE, 2003.

作关系的价值、产出的一个整体的印象和感觉，印象和感觉反映了双方各自对目标和绩效的感知①。"和谐"代表企业—大学知识链不存在冲突或者冲突被控制一定的范围之内，起到了建设性作用；"不和谐"即"冲突"代表企业—大学知识链上存在超出一定范围，起破坏作用的冲突。

尽管利用这种感知的方法会提高测量误差，由于这种方法与测量绩效的目标正相关，因此，利用感知方法测量企业—大学知识链绩效是一种可以接受的方法②。

5.1.3　企业—大学知识链冲突参数的原因维度理论假设与理论模型

5.1.3.1　理论假设

命题是理论的内部构成要素之一，涉及各概念之间的关系的描述。在社会研究中，最常用的命题是假设。假设是对概念关系的尝试性陈述，能够被用于检验，从而证明命题是否正确③。假设的提出需要非常严谨的科学态度，不能随心所欲"拍脑袋式"提出假设，假设的提出需要建立在前人的理论基础上并进行一定的拓展。假设提出的目的就是为了对假设进行验证，支持或者否定假设。经过系统性的检验，如果证实了前人所提出的假设，那么假设可以上升为一种理论；如果通过验证，结果与假设不吻合或者刚好相反，则需要重新考虑假设提出的背景和内在逻辑，一个证明是错误的假设仍然具有较强的意义，相反，一个无法被验证的假设不具有研究意义。假设通常包括描述型研究假设和关系型研究假设两种形式，本书只涉及关系型研究假设，即描述概念之间的关系。

因此，根据上述理论分析，企业—大学知识链冲突原因因素实证分析

---

① CAROLIN PLEWA，QUESTER P. A dyadic study of "Champions" in university-industry relationships [J]. Asia Pacific Journal of Marketing and Logistics，2008，20（2）：211 – 226.

② DOLLINGER M J，GOLDEN P A. Interorganizational and collective strategies in small firms：Environmental effects and performance [J]. Journal of Management，1992，18（4）：695 – 715.

③ 林嵩. 结构方程模型原理及 Amos 应用 [M]. 武汉：华中师范大学出版社，2008.

的模型假设如下：

假设 1：知识因素对企业—大学知识链冲突有积极影响。

假设 2：知识产权对企业—大学知识链冲突有积极影响。

假设 3：个人特征因素对企业—大学知识链冲突有积极的影响。

假设 4：社会资本对企业—大学知识链冲突有积极影响。

假设 5：知识因素积极影响社会资本。

假设 6：知识产权因素积极影响社会资本。

5.1.3.2 理论模型的构建

本书通过对企业—大学知识链冲突影响因素的分析，试图建立企业—大学知识链冲突影响因素内在关系的理论模型，通过实证分析、数据的拟合，以便揭示企业—大学知识链冲突发生的内在机理。理论模型分为两个部分：影响因素与冲突之间的正相关关系以及影响因素之间的直接关系。

5.1.4 问卷设计

企业—大学知识链冲突原因理论假设和理论模型的提出，还需要恰当的、科学的统计分析方法进行实证研究，以检验、修正和分析模型。本书主要利用 SPSS 软件进行项目分析、效度分析和信度分析，利用结构方程模型（SEM）构建测量模型和结构模型，并拟合数据，检验理论模型，因此，问卷的设计必须要符合结构方程模型的基本要求和假设。

问卷设计和数据收集方法是否科学、合理直接影响研究结果和研究质量，因此，问卷设计和数据收集的过程和方法是非常重要的。本书在进行问卷设计时，遵从了问卷设计的基本原则和要求，如相关原则、简洁原则、礼貌原则、方便原则、穷尽选项原则、拒绝术语原则、非导向性原则等。根据问卷设计的基本步骤，有条理、有程序地确定最终问卷。问卷设计的步骤主要包括以下几个方面：

（1）确定研究目的、来源和局限；

（2）确定数据收集方法和问题回答形式以及措辞；

（3）确定问卷流程和编排；

（4）确定基本信息和量表；

（5）评价问卷和编排；

（6）预测试问卷，收集修订反馈信息；

（7）预测试问卷进行项目分析和探索性因子分析；

（8）修订问卷并确定最终问卷。

根据理论基础和研究目的，结合问卷设计的原则、步骤，本研究的最终问卷（见附录）包括两个部分，基本信息部分和量表部分。本研究的目的是探讨企业—大学知识链冲突的内在机理，因此，问卷的发送对象是具有校企合作经验的企业工作人员和大学工作人员。基本信息部分反映了受访对象的工作单位、工作性质等背景信息；量表部分，根据理论，确定知识因素、知识产权因素、个人特征因素、社会资本因素、冲突5个构面（维度），每个维度都设计数个题项进行测量。

5.1.5　变量设计与测量指标

概念是理论最基本的构成要素，是各种现象的抽象元素，即对具体的、各类现实中存在不同表象的研究对象的抽象描述，如企业绩效、品牌价值、创新能力等。社会科学研究中，有一类比较特殊的概念，这些概念可以用不同的数值来代表不同的属性，这类概念被称为变量①。统计分析中，变量的确定是各项分析的基础，本研究采用结构方程对数据进行分析，因此，变量的设置是由结构方程的研究目的和独特功能所决定的。

5.1.5.1　潜变量与观测变量

结构方程模型的一个重要特点就是能够对抽象的概念进行估计和检验。这些抽象概念难以直接观测，因此，被称为潜变量。为了研究抽象概念的具体内涵以及抽象概念之间的关系，我们需要对这类抽象概念（潜变量）进行处理，用一些可以直接观测的指标或者变量来代表这些潜变量。这些可以直接观测的指标或者变量被称为观测变量（或测量变量、外显变量）。

---

① 林嵩. 结构方程模型原理及 Amos 应用［M］. 武汉：华中师范大学出版社，2008.

　　本研究根据研究目的和研究需要，调查问卷的初始量表由 6 个维度（构面）构成，每个维度即是一个需要处理的抽象潜在变量。因此，本研究的潜在变量有：知识、知识产权、组织结构条件、个人特征、社会资本以及企业—大学知识链冲突。

　　本研究的观测变量是各个潜在变量的测量指标，反映在问卷中，就是量表的题项，因此，量表的题项即是结构方程中的观测变量。初始潜在变量与观测变量的对应关系如表 5 - 1 所示。

表 5 - 1　　　　　　　　　　初始潜在变量与观察变量设计

潜变量	观察变量	问卷题项	依据或者来源	判定标准
知识	知识类型	我们愿意通过 Email 或者其他网络方式与合作单位共享知识（显性知识）	乔罗德（JO Rhodes，2008）	Likert 五点尺度计分法（由"非常不同意"1 分，至"非常同意"5 分）
		我们愿意通过课程培训、演示、面对面交流等形式与合作单位共享经验。（隐性知识）	乔罗德（JO Rhodes，2008）	
	知识传输渠道	合作项目有合适的知识传输渠道	自己设计	
	知识吸收能力	我们能够理解和处理合作单位传递给我们的知识	顾新（2008）	
	知识传递能力	我们有能力使用不同的方式，把知识传递给合作单位	自行设计	
知识产权	技术成熟判断标准	技术转让或者技术开发中，关于技术是否成熟，我们与合作单位有相同的想法	程亮（2012）	
	权属	合作中，知识产权归谁所有，我们与合作单位能够一致	程亮（2012）	
	技术价格	合作中，对于技术的价格，我们与合作方有相同的看法	易玉（2009）	
	技术秘密及商业秘密	我们不会泄露合作方的商业秘密或者技术秘密	自行设计	

续表

潜变量	观察变量	问卷题项	依据或者来源	判定标准
个人特征	个人价值观	我们单位员工的个人价值观不会影响双方合作	王琦（2004）	
	个人目标	我们单位员工的个人目标不会影响双方合作	汪（Wong, 1992）	
社会资本	个人参与	我们单位有员工，为了维持与合作方的长期关系，愿意投入时间和精力	卡罗琳·布鲁斯（Carolin Plewa, 2008）	
	信任	我们单位能够完全相信我们的合作单位	卡罗琳·布鲁斯（Carolin Plewa, 2008）	
	承诺	我们单位不会投机取巧，具有与合作单位长期合作的意愿	库奇曼（Couchman, 2001）	
	个人经验	我们单位有员工熟悉合作单位的情况	卡罗琳·布鲁斯（Carolin Plewa, 2008）	Likert 五点尺度计分法（由"非常不同意"1 分，至"非常同意"5 分）
组织条件	组织结构	我们单位的组织结构比较灵活	乔罗德（JO Rhodes, 2008）	
	组织文化	我们单位的组织文化比较开放	康纳（Conner, 1996）	
	物理资源	合作项目有足够的资金和设备支撑	自行设计	
	项目管理	合作项目的管理比较有效	科林（Kleyn, 2007）	
企业—大学知识链冲突	富有成效	合作能达到预期目标，富有成效	卡罗琳·布鲁斯（Carolin Plewa, 2008）	
	长期合作	投入在合作关系中的时间和精力是值得的	卡罗琳·布鲁斯（Carolin Plewa, 2008）	

潜在变量"知识"有知识类型、知识传输渠道、知识吸收能力、知识传递能力4个观察变量；潜在变量"知识产权"共有4个观测指标，即技

术成熟判断标准、权属、技术价格、技术秘密和商业秘密；潜在变量"个人特征"有个人价值观、个人目标和个人角色3个观测变量；"组织结构条件"潜在变量由组织结构、组织文化、物理资源、项目管理4个观测变量构成。"社会资本"潜在变量由个人参与、个人经验、信任、承诺4个观测变量衡量；"冲突"潜在变量的观测变量为合作时间和合作成效，事实上，这两个观测变量反应的实际潜在变量为"和谐"，"和谐"是"冲突"的反面，越和谐代表冲突越少，越不和谐，代表冲突越多。鉴于本研究的大部分变量都难以量化，即使可以量化的变量，很有可能因为企业和大学的保密行为而不会给出真实的情况，因此，本研究变量的测度方法采用的是主观模糊评价方法，采用李克特五点尺度计分法，判断标准从 1~5 分别代表很不同意、不同意、一般、同意、很同意。

在初始观察变量的基础上，设计问卷题项，构建量表，加入基本信息，形成初始问卷。从初始问卷到最终问卷，主要经过以下几种处理方式。

（1）广泛征求学术团队意见。初始问卷形成后，通过单独交流、征求专家意见和小组汇报等方式广泛征求学术团队的意见，根据意见，对初始观察变量进行修改。

（2）进行预测试。在大范围采集数据之前，进行预测试。预测试的对象为符合受访对象的朋友、同学、同事等，共回收有效问卷40份。问卷发放对象不仅要认真选择每项内容，而且要对问卷的结构安排、语言措辞、难易顺序等内容给出意见，然后笔者整理反馈信息，对初始问卷进行修改。

（3）项目分析、信度分析以及效度分析。对预测试回收的有效问卷数据，进行临界比、题项与总分相关等项目分析，同时进行信度分析、共同因素和因数负荷量分析，根据决断值、题项与总分相关、校正题项与总分相关、题项删除后的 α 值改变、题项的共同性与因素负荷量等指标的判断标准[①]，一一删除不适切的题项或者增加题项，使各题项指标能够符合判断标准，在此基本上修改观测变量指标，形成最终问卷（见附录）。最终观察变量指标如表 5-2 所示。

---

① 吴明隆. 问卷统计分析实务—SPSS 操作与应用［M］. 重庆：重庆大学出版社，2010.

表5-2   最终潜在变量与观察变量设计

潜变量	观察变量	问卷题项	依据或者来源	判定标准
知识 （K1～K4）	知识吸收能力	我们能够理解合作单位传递给我们的知识（K1）	顾新（2008）	Likert 五点尺度计分法（由"非常不同意"1分，至"非常同意"5分）
	知识交流	我们单位鼓励员工与外界交流知识和信息（K2）	自行设计	
	显性知识	我们愿意通过书面形式交流，与合作单位共享合作项目相关知识（显性知识）（K3）	乔罗德（JO Rhodes，2008）	
	知识传输渠道	我们通常能为不同类型的知识，找到合适的方式传递给合作单位（K4）	自行设计	
	隐性知识	我们愿意通过口头形式交流，与合作单位共享合作项目相关经验（K5）	乔罗德（JO Rhodes，2008）	
知识产权 （I1～I3）	权属	知识产权归谁所有，我们与合作单位，意见能够一致（I1）	程亮（2012）	
	技术成熟判断标准	技术转让或者技术开发中，关于技术是否成熟，我们与合作方有相同的想法（I2）	程亮（2012）	
	技术价格	对于技术的价格，我们与合作方有相同的看法（I3）	易玉（2009）	
	技术秘密	我们不会泄露合作方的商业秘密或技术秘密（I4）	自行设计	
个人特征 （P1～P3）	个人价值观	我们单位员工的个人价值观不会影响双方合作（P1）	王琦（2004）	
	个人目标	我们单位员工的个人目标不会影响双方合作（P2）	汪（Wong，1992）	
	个人角色	我们单位员工的个人角色（身兼几职，不同身份等）不会影响双方合作（P3）	汪（Wong，1992）	

续表

潜变量	观察变量	问卷题项	依据或者来源	判定标准
社会资本 (S1~S5)	个人参与 (1)	我们单位有员工经常与合作方联络感情，维持良好关系 (S1)	卡罗琳·布鲁斯 (Carolin Plewa, 2008)	Likert 五点尺度计分法（由"非常不同意"1分，至"非常同意"5分）
	个人参与 (2)	我们投入在合作关系中的时间和精力是值得的 (S2)	卡罗琳·布鲁斯 (Carolin Plewa, 2008)	
	个人经验	我们熟悉合作单位的工作要求和工作方式 (S3)	卡罗琳·布鲁斯 (Carolin Plewa, 2008)	
	承诺	合作项目的人际管理比较有效 (S4)	库奇曼 (Couchman, 2001)	
	信任	我们能够相信我们的合作单位 (S5)	卡罗琳·布鲁斯 (Carolin Plewa, 2008)	
企业—大学知识链冲突（和谐）(C1~C4)	物理资源	合作项目有足够的资金和设备支撑 (C1)	乔罗德 (JO Rhodes, 2008)	
	预期目标	我们与合作单位的合作关系达到预期目标 (C2)	卡罗琳·布鲁斯 (Carolin Plewa, 2008)	
	长期合作	我们具有与合作单位长期合作的意愿 (C3)	卡罗琳·布鲁斯卡罗琳·布鲁斯 (Carolin Plewa, 2008)	
	富有成效	我们与合作单位的合作富有成效 (C4)	乔罗德 (JO Rhodes, 2008)	
	和谐感知	我们与合作单位的合作关系比较和谐 (C5)	自行设计	

最终变量设计与初始变量设计的区别主要在以下几个方面。

（1）潜变量"知识"的观测变量的变动情况。删除"知识传递能力"题项，增加"知识交流"题项，"隐性知识""显性知识""知识传输渠道"题项不变，但是措辞有改变。

（2）潜变量"知识产权"的观测变量的变动情况。4个观测变量没有增加或者删除，稍调整措辞。

（3）潜变量"个人特征"的观测变量的变动情况。增加"个人角色"题项，其余题项保持不变，措辞也不变。

（4）潜变量"社会资本"的观测变量的变动情况。增加了"个人参与（2）"题项，其余题项保持不变，但措辞有调整。

（5）潜变量"冲突"的观测变量的变动情况。增加了"物理资源""预期目标""和谐感知"3个观测指标，其余指标保持不变，措辞稍有调整。

5.1.5.2   内生变量和外生变量

结构方程模型中的变量还可以分为内生变量和外生变量。内生变量是指，在结构方程模型中，受到其他变量影响的变量，通常也叫做因变量或者上游变量；外生变量是指，在结构方程模型中，本身不受其他任何变量的影响，但对其他变量存在影响作用的变量，通常也被称为自变量或者上游变量。当内生变量影响其他变量的同时被其他变量影响，那么此时，内生变量被称为中间变量。结合潜变量与观测变量，结构方程模型中的变量有内生观测变量、外生观测变量、内生潜在变量、外生潜在变量、中间观测变量、中间潜变量；内生潜变量、外生潜变量与中间潜变量对应的观测变量为内生观测变量、外生观测变量、中间观测变量。

根据本研究的理论模型，本研究所确定的结构方程模型中，外生潜变量为：个人特征、知识产权、知识；内生潜变量为：企业—大学知识链冲突；中间变量有：社会资本。相应地，个人特征的外生观测变量有：P1 – P3；知识的外生观测变量有：K1 – K5；知识产权的外生观测变量为：I1 – I3；社会资本的中间观测变量为：S1 – S5；冲突的内生观测变量有：C1 –

C5。根据预测试的反馈信息，对 I1 – I3 设计了第 6 个选项，即"我没有遇到过此类情况"，这是因为，知识产权维度设计了多个观察面，但是对于受众来说，未必每个观察面都遇到过，因此，可能这 3 个题项的每个 1～5 选项都不适合，这样会降低数据的有效性，因此，设计了第 6 个选项，这个选项在 SPSS 分析中设置为缺失值。

5.1.6　数据收集及有效控制

5.1.6.1　样本选取

企业—大学知识链冲突原因实证分析的目的是为了揭示企业—大学知识链上产生冲突的原因以及知识链有效运转的内在机理，因此，问卷的发放对象为具有校企合作经验或者熟悉校企合作情况的企业工作人员以及大学工作人员。为了尽可能获得适合研究目的的有效样本，在问卷中设计甄别题"您是否具有校企合作的经验"，并且在问卷中设计了陷阱题，问卷星样本服务的陷阱题是随机的，即任何一个量表题项，通过观察前后两个相同的题项的答题结果，来判断问卷的有效性。

5.1.6.2　问卷发放与回收

问卷数据收集是数据收集的一种重要方式。数据收集过程的科学性、合理性直接影响研究结果的可靠性与科学性，因此，问卷发送和回收的方式必须科学可靠。本研究问卷发放的渠道是通过问卷星生成问卷，并使用问卷星的样本服务功能，快速、科学地获得有效样本数据。问卷星是一个专业的问卷调查网站，网址为：http：//www. sojump. com/①。问卷星的功能板块主要分自助服务和样本服务，自助服务的子功能有创建问

---

① 该网站专注于构建一个专业的在线问卷调查、测评、投票平台，该网站的客户已经涵盖跨国公司、市场调研/咨询公司、政府机构、高校及科研机构、媒体等各个行业和领域，包括：中山大学、山东省税务局、中国电信、北京大学光华管理学院、浦发银行、中粮、步步高、《东方早报》、新民网、《南方都市报》、浦盛高咨询、北森测评、德勤（Deloitte）、Microsoft、Schneider Electric、PHILIPS 等。

卷、回收问卷和统计下载。如果不购买问卷星的样本服务，使用自助服务，创建问卷，然后通过 QQ、Email、微信等方式把问卷地址复制给受众，当问卷填写完毕后，可以从问卷星下载原始 Excel 和 SPSS 的 SAV 文件。如果购买问卷星的样本服务，则不需要通过其他方式发放问卷，问卷星有超过 260 万的真实会员，支持样本属性精确定位，样本服务有多种防重复填写的机制，设计陷阱题、甄别题，严格把控有效样本的质量。

在线网络调查研究已经蔚然成风，是现代数据收集的重要方式之一。网络调查具有很多优势①：（1）节约问卷设计的时间，在线网络板块有许多模板，可以非常方便地生成问卷，并且设计非常简洁、美观；（2）节约被调查者的时间。因为网络填写问卷的设计非常方便，因此可以减少 50% 的填答时间；（3）调查完成后第二天就可以进行数据分析，专业网络问卷调查平台都会提供原始数据下载的功能，因此，可以直接导出 Excel 或者 SAV 文件，无须人工手动输入大量数据，不仅节约时间，而且可以减少大量因人工输入而产生的错误；（4）获得的数据更可靠、更准确。网络问卷调查平台，如问卷星，在真实会员方面相当有实力，因此，问卷发放对象都能精准定位，提供的数据也更为可靠和准确；（5）大量节约研究者的时间，由于网络调查平台的会员人数巨大，因此问卷回收的时间非常短，比传统的问卷回收时间缩短 70%。

尽管网络专业调查问卷平台可以提供调查问卷的设计，本研究的问卷是自行设计的，然后利用问卷星的模板生成发放的问卷，采用问卷星的样本服务。本研究的问卷回收都是通过问卷星自动生成，并下载原始数据和原始问卷。回收的问卷，问卷星剔除无效问卷，反馈的有效问卷数为 276 份，由于本研究的问卷发放和回收都采用网络形式，因此，无法计算发放了多少份，只能计算回收了多少份有效问卷，因此，有效回收率都是 100%。

---

① 荣泰生. AMOS 与研究方法 ［M］. 重庆：重庆大学出版社，2009.

5.1.7 数据处理与分析

回收有效问卷后,就要进行数据处理和分析,本研究的数据处理和分析包括描述性统计分析、样本效度和信度检验、结构方程模型分析 4 个方面。

5.1.7.1 描述性统计分析

描述性统计分析、样本效度检验和样本信度检验使用 IBM SPSS Statistics 21。276 份有效样本没有任何遗漏缺失值,只有人为对潜变量"知识产权"的观测变量增加了第 6 个选项"我没有遇到过此类情况",如果样本选择了 6,即人为设置为缺失值。样本单位类型分布、样本单位研发人数分布、样本职位类别分布的有效观察量都是 276,无缺失值,描述性统计分析的具体情况如表 5 - 3 所示。

表 5 - 3 描述性统计量

		您所在单位类型	贵单位的研发人数	您所在职位类别
N	有效	276	276	276
	缺失	0	0	0

(1) 样本单位类型分布统计

本书根据受访对象的单位性质,大致把企业类型分为:国有企业、集体所有制企业、外资企业、私营企业和其他类型企业;把大学类型分为:985 高校、211 大学和其他类型大学。在所搜集的样本中,大学样本 64 份,所占比例为 23.2%,985 和 211 大学所占比例为 17%;企业样本数 212 份,所占比例为 76.8%,其中国有企业类型样本所占比例最大,达到 30.8%,私营企业和外资企业分别排在第二、第三位,分别为 20.3% 和 16.7%。样本单位类型分布统计如表 5 - 4 所示。

表 5－4　　　　　　　　　　　　　　　　所在单位类型

		频率	百分比	有效百分比	累积百分比
有效	985 高校	20	7.2	7.2	7.2
	211 大学	27	9.8	9.8	17.0
	其他类型大学	17	6.2	6.2	23.2
	国有企业	85	30.8	30.8	54.0
	集体所有制企业	24	8.7	8.7	62.7
	外资企业	46	16.7	16.7	79.3
	私营企业	56	20.3	20.3	99.6
	其他类型企业	1	0.4	0.4	100.0
	合计	276	100.0	100.0	

（2）样本单位研发人数分布统计

样本单位科研人数分布统计情况如表 5－5 所示。根据问卷设计时选项的穷尽原则，本研究把研发人数分为 4 个档次，即 10 人及以下、11～50 人、51～100 人和 100 人以上。搜集的 276 份样本中，10 人及以下有 18 份，所占比例为 6.5%；11～50 人为 131 份，占 47.5%；51～100 人有 68 份，所占比例为 24.6%；100 人以上有 59 份，占 21.4%，由于没有缺失值，因此，百分比和有效百分比数值相同。从研发人数可知，276 份问卷，大多数样本单位的研发人数在 11 人以上。

表 5－5　　　　　　　　　　　　　　　样本单位研发人数分布表

		频率	百分比	有效百分比	累积百分比
有效	10 人及以下	18	6.5	6.5	6.5
	11～50 人	131	47.5	47.5	54.0
	51～100 人	68	24.6	24.6	78.6
	100 人以上	59	21.4	21.4	100.0
	合计	276	100.0	100.0	

（3）样本职位类型分布统计

样本职位类型分布统计情况如表 5 - 6 所示。根据研究需要，本研究把调查对象的工作职位分为管理、技术和其他类别三个档次，搜集的 276 份样本中，管理、技术和其他类别岗位样本数分别为 98、173 和 5。从搜集的样本可观察到，调查对象大多数在技术岗位和管理岗位上，正适合我们的调查内容。

表 5 - 6　　　　　　　　　　　　样本职位类型分布表

		频率	百分比	有效百分比	累积百分比
有效	管理	98	35.5	35.5	35.5
	技术	173	62.7	62.7	98.2
	其他类别	5	1.8	1.8	100.0
	合计	276	100.0	100.0	

5.1.7.2　样本效度和信度检验

（1）样本效度分析

所谓效度（validity）是指，能够测到问卷或者量表所欲测心理或行为特质到何种程度。研究效度包括内在效度和外在效度两种。效度并不是检测测量工具（问卷、量表等）本身的正确性或者可靠性，而是测量工具的测量或者测验结果的正确性。测验结果的效度不会是全有或者全无，而仅仅只是程度高低的不同。效度具有目标功能性，即效度针对某一特殊功能或者某种特殊用途，不具有普遍性，问卷或者量表不适用于所有不同的群体或者所有的社会科学领域，只适用于特定的人群或者特定的功能。因此，一份测量工具效度比较高，但是施测于不同的受试者，很有可能测验结果不正确，因此，在进行效度分析时，一定要交代调查对象的具体情况和背景，否则很有可能因为施测对象不同，而造成测验结果不正确[①]。

一般，效度分为 3 类[②]。

---

① 吴明隆. 问卷统计分析实务——SPSS 操作与应用 [M]. 重庆：重庆大学出版社，2010.
② 王保进. 窗口版 SPSS 与行为科学研究 [M]. 台北：心理出版社，2002.

　　第一，内容效度（content validity），也被称为逻辑效度（logical validity），指测验或者量表内容或者题目的适切性与代表性，也就是说，测量的内容能否反应所要测量的心理特质，能否达到测量的目的或者行为构念。

　　第二，效标关联效度（criterion-related validity），是求实际测验分数与效标间的关系，因此，也被称为实证性效度（empirical validity），通常是指测验或者量表与外在效标间的相关程度，程度越高，代表测验或者量表的效度越高。作为外在效标的工具，必须具有良好的信度和效度。

　　第三，建构效度（construct validity）是指，一份量表或者测验所能够测量出理论建构心理特质的程度。我们根据理论建立假设，设计变量，编制量表，经过实际抽样调查获得数据，应用统计检验获得的实际分数，如果能够有效地解释受试者的心理特质，则此量表具有较高的建构效度。

　　建构效度以理论为基础，同时又根据实证数据来检验理论的正确性，因此，是一种比较严谨的效度检验方法。本研究就是采用建构效度来检验所设计的量表的测验结果能否有效地反映理论架构的心理特质。建构效度最常用的统计检验方法为因素分析，因素分析的目标在于找出量表的潜在结构或者说共同因子，以较小的构念代表原来较复杂的数据结构，因此，因素分析法是一种探索性的因素分析方法。

　　在社会科学研究中，变量的缩减常用主成分分析（principal component analysis）与共同因素分析（common factor analysis）两种方法抽取成分或因素。

　　在进行因素分析建构效度前，检查每个题项，看是否存在反向题，如果有反向题，则需要运用 SPSS 软件反向计分，本研究设计的量表的题项都是正向题，因此无须反向计分。

　　缺失值处理。因素分析方法中，提供的缺失值处理方法有3种：（1）完全排除观察值，也称为列表删除法，一个样本，在所有变量中都没有缺失值才能被采用，只要有一个变量有缺失值，则此样本就会被删除，因此，很可能许多观察值只因为缺少1个或者2个题项，而被删除，造成样本数过少，问题样本过少，因素分析的效度就会不稳定。（2）成对排除观察值，是指成对相关分析中，只有用到的变量出现缺失值，才会被删除，其余变量保持不变，因此会造成相关分析的样本数不同。（3）用平均数置换。用有效样本在此题项的平均值取代缺失值。若观察值缺失值的题项变量数目很多，选用"用平均数置换"会造成分析结果的偏误。由于本研究没有任何遗漏值，只有人为地在"知识产权"因素的 4 个观察变量设置了一个可能会产生缺失值处理的选项，其余的变量都不存在缺失值，缺失值题项数目很少，因此，本书采用"用平均数置换"选项。

成分相关矩阵。斜交转轴法和直交转轴法的基本假定不同，直交转轴法假定共同因素间的相关为 0，因素间相互独立，而斜交转轴法假设因素间不独立，具有一定的相关性。由于本研究的因素在同一个维度之下，没有充分的理论说明共同因素间完全独立，因此，必须首先利用斜交转轴法，检验成分相关矩阵中，各因子之间是否有强相关（绝对值 >0.3）。如果有强相关，表示因素间并非独立，最好使用斜交转轴法，反之，最好使用直交转轴法。如果抽取时选择特征值大于 1，抽取因素过多，因此，本研究因素抽取时选择因子的固定数为 5。使用斜交转轴法后的成分相关矩阵如表 5 – 7 所示。由于各因子之间的相关系数较低（绝大部分 <0.3），因此，使用直交转轴法比较合适。

表 5 – 7   成分相关矩阵表

成分	1	2	3	4	5
1	1.000	– 0.125	0.209	0.328	0.078
2	– 0.125	1.000	– 0.201	– 0.045	– 0.124
3	0.209	– 0.201	1.000	0.188	0.088
4	0.328	– 0.045	0.188	1.000	0.144
5	0.078	– 0.124	0.088	0.144	1.000

提取方法：主成分
旋转法：具有 Kaiser 标准化的斜交旋转法

进行因素分析前，需要分析不适合进行因素分析的题项，以及查看整体量表是否适合因素分析。取样适切性量数（KMO）与巴特利特球形（Bartlett）检验是判断整体量表是否合适做因子分析，取样适当量数（MSA）是衡量每个题项是否适合做因子分析。取样适切性量数（KMO）

值在 0 ~ 1 之间，是用来判断整个量表是否适合做因素分析，值越靠近 1，代表变量间的共同因素越多，越适合做因素分析。样适切性量数的值大于 0.9，因素分析适切性是极佳的；0.8 ~ 0.9 良好的；0.7 ~ 0.8 适中的；0.6 ~ 0.7 普通的；0.5 ~ 0.6 欠佳的；小于 0.5 不可接受的，一般认为 0.6 以上是做因子分析的普通准则。反映像相关矩阵的对角线数值代表每一个题项是否适合做因子分析，取样适切性量数（MSA）越接近 1，代表题项越适合因子分析，一般认为，这个值必须大于 0.5，才表示该题项适合投入因子分析中。小于 0.5，应当考虑将此题项删除。

第一次因素分析。第一次因素分析，抽取方法采用主成分分析方法；转轴法采用直交转轴法中最常用的方法之一：最大变异法；抽取特征值大于 1 的共同因子。从第一次因素分析的结果来看，取样适当性量数（KMO）值为 0.784，达到 0.05 显著水平，从取样适切性量数（MSA）值，公因子方差以及旋转成分矩阵的数据来看，K5、I4 和 C5 是不适切的题项，但是不能一次性删除，需要逐步删除最不适切的题项，因为删除一个题项后，整个量表的结构会发生变化。经过逐步删除，呈现最后一次因素分析结果。

最后一次因素分析。最后一次因素分析，抽取方法采用主成分分析方法，转轴法采用最大变异法，抽取共同因素因子固定为 5。最后一次因素分析结果如表 5 - 8 所示。

表 5 - 8　　　　　　　　　　KMO 和 Bartlett 检验表

取样足够度的 Kaiser – Meyer – Olkin 度量		0.783
Bartlett 的球形度检验	近似卡方	881.486
	df	171.000
	Sig.	0.000

取样适切性量数（KMO）值为 0.783，适合做因子分析，巴特利特（Bartlett）球形检验的卡方值为 881.486，自由度为 171，$P = 0.000 < 0.05$，达到 0.05 显著水平。取样适切性量数（KMO）与巴特利特球形（Bartlett）检验的数值结果表示本研究量表适合做因子分析。

从表 5-9 可以看出，共同性都大于 0.2，表示因子负荷都大于 0.45，适合做因子分析。从反映像相关矩阵对角线数据可以看出，取样适当量数（MSA）都大于 0.6，表示量表的每个题项都适合做因子分析。

表 5-9 　　　　　　　　　　　公因子方差表

	初始	提取
K3	1.000	0.499
K4	1.000	0.298
K1	1.000	0.503
I2	1.000	0.440
I1	1.000	0.524
I3	1.000	0.568
K2	1.000	0.436
C1	1.000	0.604
S4	1.000	0.542
S1	1.000	0.507
S5	1.000	0.337
C3	1.000	0.445
S3	1.000	0.483
P1	1.000	0.751
P2	1.000	0.686
P3	1.000	0.612
C2	1.000	0.537
C4	1.000	0.436
S2	1.000	0.505

提取方法：主成分分析

从表 5-10 解释总方差数据中可以看出，一共抽取了 5 个共同因子，所能解释全体变量的累积变异量为 51.12%，从旋转前和旋转后的平方和载入数据可以看出，前后的特征值不一样，但是累积方差是相同的。根据海尔（Hair，1998）等的观点，在自然科学领域中，由于精确度要求比较高，因此，所抽取的共同因素的累积解释变异量必须达到95%以上，但是，在社会科学领域中，精确度要求没有那么高，达到60%以上是可靠的，比较理想的，达到50%以上是可以接受的。因此，保留5个因子，是适切的。

表5-10　　　　　　　　　　　　　解释总方差表

成分	初始特征值			提取平方和载入			旋转平方和载入		
	合计	方差的百分比	累积百分比	合计	方差的百分比	累积百分比	合计	方差的百分比	累积百分比
1	4.162	21.904	21.904	4.162	21.904	21.904	2.199	11.574	11.574
2	1.857	9.773	31.677	1.857	9.773	31.677	2.049	10.783	22.357
3	1.289	6.785	38.462	1.289	6.785	38.462	1.886	9.929	32.285
4	1.227	6.456	44.918	1.227	6.456	44.918	1.842	9.695	41.981
5	1.179	6.203	51.121	1.179	6.203	51.121	1.737	9.140	51.121
6	1.097	5.771	56.893						
7	0.950	4.999	61.892						
8	0.931	4.898	66.790						
9	0.773	4.067	70.857						
10	0.742	3.903	74.761						
11	0.715	3.762	78.523						
12	0.687	3.617	82.141						
13	0.594	3.125	85.265						
14	0.570	3.002	88.267						
15	0.526	2.771	91.038						
16	0.510	2.682	93.721						
17	0.478	2.517	96.237						
18	0.394	2.075	98.312						
19	0.321	1.688	100.000						

提取方法：主成分分析

表 5 - 11 是未转轴前的成分矩阵，成分矩阵中的数值为各题项在共同因素上的因素负荷量。因素负荷量越大，代表题项与共同因素的关联越强，根据这个成分矩阵表，可以计算每个题项的共同性以及每个共同因子的特征值。从因素负荷量的数据分布情况可以看出，大部分题项都归属于共同因子 1。

表 5 - 11　　　　　　　　　　　　　成分矩阵表

	成分矩阵[a]				
	成分				
	1	2	3	4	5
S4	0. 626	0. 055	- 0. 119	0. 272	- 0. 243
P2	0. 601	- 0. 436	- 0. 174	- 0. 277	- 0. 168
P3	0. 571	- 0. 425	- 0. 025	- 0. 321	- 0. 042
S3	0. 570	0. 023	- 0. 029	0. 182	- 0. 352
P1	0. 560	- 0. 428	- 0. 341	- 0. 361	- 0. 087
C1	0. 544	0. 008	- 0. 385	0. 400	0. 002
C4	0. 528	0. 231	- 0. 245	0. 016	0. 208
K1	0. 476	0. 295	0. 341	- 0. 237	0. 133
S1	0. 438	0. 388	0. 296	0. 048	- 0. 274
I3	0. 423	- 0. 412	0. 333	0. 324	0. 055
K2	0. 420	0. 267	0. 129	- 0. 382	0. 163
S5	0. 390	0. 368	0. 184	0. 042	- 0. 117
C3	0. 367	0. 299	- 0. 282	0. 209	0. 312
K4	0. 348	0. 153	0. 303	- 0. 019	0. 248
I2	0. 300	- 0. 424	0. 316	0. 176	0. 197
I1	0. 323	- 0. 371	0. 450	0. 084	0. 270
K3	0. 365	0. 369	- 0. 096	- 0. 411	0. 226
S2	0. 425	0. 252	0. 155	0. 068	- 0. 482
C2	0. 423	0. 051	- 0. 218	0. 287	0. 474

提取方法：主成分

a. 已提取了 5 个成分

表 5 – 12 是转轴后的成分矩阵，转轴的功能是重新安排每个题项在共同因子的因素负荷量，使较大的因素负荷量变得更大，较小的变得更小，这样就可以区分每个题项所归属的因子，并为因子命名，但是转轴前后的变量的共同性是一样的。从转轴后的成分矩阵可以看出，因子 1 包括 P1 ~ P2；因子 2 包括 S1 ~ S5；因子 3 包括 C1 ~ C4；因子 4 包括 K1 ~ K4；因子 5 包括 I1 ~ I3。利用 SPSS 软件进行因素分析并不难，但是进行建构效度分析时，有可能出现两种情况：（1）抽取的共同因子比理论假设要多；（2）从转轴后的成分矩阵来看，难以为因子命名，因为每个因子包含的题项过于杂乱。对于第一种情况，在因子抽取时，可以选择固定因子个数；对于第二种情况，只有逐步删除不适切的题项。本研究利用特征值大于 1，会抽取 6 个因子，因此，本研究为限定因子个数为 5 个；逐步删除 K5、I4、C5 后，构念非常清晰，与理论建构非常吻合，因子 1 的构念命名为"个人特征"；因子 2 的构念命名为"社会资本"；因子 3 的构念命名为"冲突"；因子 4 的构念命名为"知识"；因子 5 的构念命名为"知识产权"。

表 5 – 12   旋转成分矩阵表

旋转成分矩阵[a]					
	成分				
	1	2	3	4	5
P1	0.849	0.028	0.148	0.071	0.047
P2	0.788	0.163	0.076	0.061	0.172
P3	0.706	0.081	0.020	0.179	0.274
S2	0.086	0.693	−0.031	0.121	−0.027
S1	−0.071	0.623	0.013	0.333	0.051
S3	0.274	0.595	0.205	−0.013	0.108
S4	0.252	0.565	0.380	−0.016	0.117
S5	−0.073	0.457	0.119	0.329	0.022
C2	0.029	−0.061	0.683	0.134	0.219
C1	0.222	0.317	0.655	−0.143	0.069
C3	−0.042	0.072	0.630	0.195	−0.049

旋转成分矩阵[a]					
	成分				
	1	2	3	4	5
C4	0.180	0.156	0.531	0.310	−0.035
K1	0.037	0.251	0.042	0.639	0.169
K2	0.168	0.105	0.073	0.626	−0.007
K3	0.168	0.011	0.209	0.618	−0.211
K4	−0.065	0.113	0.131	0.424	0.291
I1	0.108	−0.029	−0.010	0.155	0.698
I3	0.154	0.206	0.105	−0.087	0.695
I2	0.147	−0.009	0.051	−0.007	0.645

提取方法：主成分
旋转法：具有 Kaiser 标准化的正交旋转法

a. 旋转在 7 次迭代后收敛

（2）样本信度分析

对样本进行效度分析后，还须对样本进行信度分析。信度是指测验或者量表所测得结果的稳定性和一致性。信度越大，代表量表测得结果的测量误差越小。一般来说，效度高，信度就高，反之，信度高，效度并不一定会高。

本研究采用的是李克特五分量表。李克特量表一般采用克朗巴哈（Cronbach's alpha）系数对研究数据进行信度检验，其公式如下：

$$\alpha = \left(\frac{K}{K-1}\right)\left(1 - \sum_{i=1}^{n} \frac{S_i^2}{s^2}\right) \quad (5-1)$$

式中 K 表示量表项目数；S_i^2 是项目分数变异量；s^2 是测验总分变异量。克朗巴哈系数值越大，表示信度越高。一般的规则是量表的克朗巴哈系数大于 0.6，表示量表信度可接受，克朗巴哈系数值最好大于 0.70[1]，而根据吴明隆（2003）的总结，先导性研究的信度系数在 0.50 至 0.60，发展测量工具时需 α > 0.70，基础研究时需 α > 0.80[2]。李怀祖（2004）认为该指标值超过 0.70，样本数据的信度通过检验[3]（DeVellis，1991）。可靠性统计量分析如表 5 – 13 所示。

表 5 – 13　　　　　　　　　　　　　**可靠性统计量表**

Cronbach's Alpha	项数
0.789	16

从表 5 – 13 的可靠性统计量分析数据可知，参与统计的变量一共有 16 个，删除了因子分析后的 3 个题项，K5、I4 和 C5。信度系统克朗巴哈系数为 0.789，该数据表明，量表测量结果的信度相当好。

5.1.8　企业—大学知识链冲突参数的原因维度结构方程模型

结构方程模型（Structural Equation Modeling，SEM）是社会领域量化研究的重要统计方法，可以对测量模型或者因果模型进行识别、估计和验证。结构方程模型也被称为线性结构关系模型、协方差结构分析、验证性因素分析、潜在变量分析等。结构方程模型应用线性方程系统表示潜在变量与观测变量、潜在变量与潜在变量之间的一种统计分析方法。结构方程模型融合了因素分析和路径分析，实质上是广义的一般线性模型。一个完整的结构方程模型包含结构模型和测量模型两个子模型，测量模型描绘的是潜在变量与其对应的观测指标之间的关系；结构模型是潜在变量之间的关系，以及模型中其他变量无法解释的变异量部分。结构方程模型是一种验证性分析方法而非探索性分析方法，必须由理论或者经验法则支持，假设模型

① R. P B，Y Y. On the evaluation of structural eqation models [J]. Journal of the Academy of Marketing Science，1988，16（1）：74 – 9.
② 吴明隆. SPSS 统计应用实务——问卷分析与应用统计 [M]. 北京：科学出版社，2003.
③ 李怀祖. 管理研究方法论 [M]. 西安：西安交通大学出版社，2004.

的建构也必须是建立在理论基础上，模型的修正，也必须看是否理论支持，特别强调理论的合理性，是一种理论导向而非数据导向的分析方法。结构方程模型被广泛应用于心理学、管理学以及社会学等社会科学领域中。与传统的统计分析建模方法相比，结构方程有如下一些优点：（1）允许自变量含有测量误差；（2）可以同时处理多个因变量；（3）在同一个模型中可以同时处理测量关系和结构关系；（4）模型设定更具有弹性。

结构方程模型分析过程的一般步骤分为模型准备、模型拟合、模型评价、模型修正和模型解释①。

模型准备。根据理论，设定模型变量、模型假设以及设定结构方程模型的测量模型和结构模型的路径图。辨析结构方程模型的识别度，用样本数据点和待估参数判断模型是过度识别、低识别还是不可识别。

模型拟合。用结构方程模型软件对设定的结构方程模型应用已经准备好的数据资料予以拟合和分析。模型拟合方法有最大似然法、一般最小二乘法、迭代法等。

模型评价。根据拟合指标，判断假设模型与样本数据的拟合程度，如果拟合没有达到一个可接受的范围，就需要对模型进行一定的调整。

模型修正。如果模型评价的结果、模型拟合效果不理想，则需要根据理论假设以及统计分析数据释放或者固定某些参数，重新估计模型的拟合度。这种修正必须具有理论前提，脱离理论，纯数据导向的修正没有理论价值。

模型解释。对最后的模型分析结果进行归纳解释，整理理论假设中得到验证和未验证的部分，并分析原因。

结构方程模型的分析软件有很多，其中 AMOS 的数据输入的形式比较灵活，具有图形绘制模型功能和界面导向模块，无须编写程序，拟合结果输出清晰，因此，AMOS 软件越来越受到结构方程模型分析者的青睐。本研究使用 IBM SPSS AMOS 21 统计分析软件分析建立的结构方程模型。

---

① 林嵩. 结构方程模型原理及 Amos 应用 [M]. 武汉：华中师范大学出版社，2008.

5.1.8.1 初始结构方程模型的构建

经过样本的效度和信度检验后，删除了一些不适切的题项，因此，初始结构方程模型建立的变量基础如表 5 – 14 所示。

表 5 – 14 　　　　　　　初始 SEM 模型建立的变量基础

潜变量	观察变量	问卷题项	依据或者来源
知识因素（KF）（K1 ~ K4）	知识吸收能力	我们能够理解合作单位传递给我们的知识（K1）	顾新（2008）
	知识交流	我们单位鼓励员工与外界交流知识和信息（K2）	自行设计
	显性类型	我们愿意通过书面形式交流，与合作单位共享合作项目相关知识（显性知识）（K3）	乔罗德（JO Rhodes，2008）
	知识传输渠道	我们通常能为不同类型的知识，找到合适的方式传递给合作单位（K4）	自行设计
知识产权因素（IP）（I1 ~ I3）	权属	知识产权归谁所有，我们与合作单位，意见能够一致（I1）	程亮（2012）
	技术成熟判断标准	技术转让或者技术开发中，关于技术是否成熟，我们与合作方有相同的想法（I2）	程亮（2012）
	技术价格	对于技术的价格，我们与合作方有相同的看法（I3）	易玉（2009）
个人特征因（IC）（P1 ~ P3）	个人价值观	我们单位员工的个人价值观不会影响双方合作（P1）	王琦（2004）
	个人目标	我们单位员工的个人目标不会影响双方合作（P2）	汪（Wong，1992）
	个人角色	我们单位员工的个人角色（身兼几职，不同身份等）不会影响双方合作（P3）	汪（Wong，1992）

潜变量	观察变量	问卷题项	依据或者来源
社会资本因（SC）（S1～S5）	个人参与（1）	我们单位有员工经常与合作方联络感情，维持良好关系（S1）	卡罗琳·布鲁斯（Carolin Plewa, 2008）
	个人参与（2）	我们投入在合作关系中的时间和精力是值得的（S2）	卡罗琳·布鲁斯（Carolin Plewa, 2008）
	个人经验	我们熟悉合作单位的工作要求和工作方式（S3）	卡罗琳·布鲁斯（Carolin Plewa, 2008）
	承诺	合作项目的人际管理比较有效（S4）	库奇曼（Couchman, 2001）
	信任	我们能够相信我们的合作单位（S5）	卡罗琳·布鲁斯（Carolin Plewa, 2008）
企业—大学知识链冲突（企业—大学知识链冲突）（和谐）（C1～C4）	物理资源	合作项目有足够的资金和设备支撑（C1）	乔罗德（JO Rhodes, 2008）
	预期目标	我们与合作单位的合作关系达到预期目标（C2）	卡罗琳·布鲁斯（Carolin Plewa, 2008）
	长期合作	我们具有与合作单位长期合作的意愿（C3）	卡罗琳·布鲁斯（Carolin Plewa, 2008）
	富有成效	我们与合作单位的合作富有成效（C4）	乔罗德（JO Rhodes, 2008）

根据变量以及理论假设，即变量之间的关系，应用 AMOS 21 构建初始企业—大学知识链冲突原因模型结构方程。结构方程的路径图如图 5-1 所示。

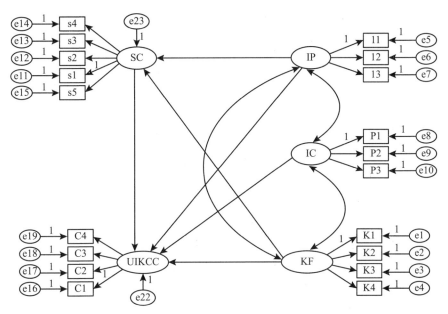

图 5-1　初始结构方程路径图

5.1.8.2　模型拟合

假设模型与样本数据是否拟合的评判标准是适配度指标。适配度指标是指评价假设的路径分析模型图与搜集到数据是否相互匹配，而不是用来评价路径分析模型图本身的好坏。一个适配度完全符合评价标准的模型图，只能说明假设的模型图与样本数据非常吻合，但不能说明模型图一定有用。在模型估计时，假设模型的隐含协方差矩阵与样本协方差矩阵越接近，代表模型的适配度越好。

如何选取模型适配度，不同的学者有不同的看法，总体来说，比较全面的看法是假设模型与样本数据是否匹配，必须考虑三个方面：基本拟合度（preliminary fit criteria）、内在拟合度（fit of internal structural of model）和整体拟合度（over all model fit）（Bogozzi &Yi，1988）①。整体模型适配度指标用来检测模型的外在质量；基本适合度是检测系统误差、模型误差等；

---

① R. P B，Y Y. On the evaluation of structural eqation models［J］. Journal of the Academy of Marketing Science，1988，16（1）：74-9.

内在拟合度代表模型内在质量的检测，代表测量模型的信度和效度。

模型基本适配度指标

在模型的基本适配度检测方面，主要可以考虑如下一些准则：

（1）不能有负的误差方差；

（2）所有的误差变异需要达到显著水平（$t > 1.96$）；

（3）估计参数之间的标准相关系数不能 ≥1；

（4）潜在变量与观测变量间的因素负荷量，最好能介于 0.5 和 0.95 之间；

（5）不能存在太大的标准误。

模型整体拟合度指标

在检验整体拟合度指标前，必须先检查模型参数是否与基本适配度指标符合，即参数是否有违规估计想象。整体模型适配度指标评估模型的外在质量。这些指标统计值是根据实际数据得到的相关系统矩阵或者方差协方差矩阵与假设理论模型推导出的相关系数矩阵或者方差协方差矩阵的差异，估算出来的。整体拟合度指标分为绝对适配度指标、增值适配度指标和简约适配度指标，评价指标以及指标的评判标准，如表 5-15 所示。

表 5-15　　　　模型整体适配度评价指标以及指标的评价标准

统计检查量	适配的标准或者临界值
绝对适配度指标	
χ^2 值	P > 0.05（未达显著水平）
GFI 值	>0.9 以上
AGFI 值	>0.9 以上
RMR 值	< 0.05
SRMR 值	< 0.05
RMSEA 值	< 0.05（适配度良好）　< 0.08（适配度合理）
NCP 值	越小越好，90% 的置信区间包含 0
ECVI 值	理论模型的 ECVI 值小于独立模型的 ECVI 值，且小于饱和模型的 ECVI 值

续表

统计检查量	适配的标准或者临界值
增值适配度指标	
NFI 值	> 0.9 以上
RFI 值	> 0.9 以上
IFI 值	> 0.9 以上
TLI 值	
CFI 值	> 0.9 以上
简约适配度指标	
PGFI 值	> 0.5 以上
PNFI 值	> 0.5 以上
CN 值	> 200
NC 值（χ^2 自由度比值）	1 < NC < 3 模型符合简约适配度程度 NC > 5 表示模型需要修正

　　由于适配度指标很多，也不存在一个完全理想化的适配指标[1]。一些学者认为，研究应该主要从卡方值大小、显著性、RMSEA 值、ECVI 值、SRMR 值、GFI 值和 CFI 值等指标来评价模型是否达到整体适配程度，因为这几个指标有比较多的充足性[2]。海尔（1998）等[3]认为多数指标符合标准，才能对模型做出适配度比较好的评价。也有学者指出，不应该迷信"多数决定"，因为有些指标之间本身会存在相互冲突，不一致的情况，应该根据理论假设和建构，选择几项关联最大的指标来进行评价[4]。

　　模型内在拟合度指标

　　[1]　SCHUMACKER R E, LOMAX R G. A beginner's guide to structural equation modeling [M]. Mahwah, NJ: Lawrence Erlbaum Associates, 1996.
　　[2]　DIAMANTOPOULOS A, SIGUAW J A. Introducing LISREL: A guide for the uninitiated. [M]. Thousand Oaks. CA: Sage, 2000.
　　[3]　HAIR J F J, ANDERSON R E, TATHAM R L, et al. Multivariate data analysis (5th ed.) [M]. Upper Saddle River, NJ: Prentice Hall, 1998.
　　[4]　余民宁. 潜在变项模式——SIMPLIS 的应用 [M]. 台北: 高等教育, 2006.

检验模型的整体适配度指标后，还需要检查模型内在拟合度指标。内在拟合度评价包括两个方面：一是测量模型的评价，测量的是潜在建构的信度和效度，如果测量模型中的因素负荷量均达显著（$P < 0.05$，t 的绝对值大于 1.96），表示观测变量能有效地反映出它所要测量的潜在变量（构念）；测量误差越小越好，但也需要是非 0 的显著值，一个无效的指标变量显示出测量误差不显著，反之，测量误差达到显著，表示观测变量在反映出它的潜在变量时，有误差存在，但是这种误差是有实质意义的。在结构方程模型中，除了误差方差外，没有达到显著水平的参数不是模型的重要路径，从简化原则来说，可以考虑从模型中删除，但是，参数没有达到显著也有可能与样本数量少有关，因此，在删除不达显著的参数前，应该增加样本数据并进行分析检验；信度检验是从指标变量的多元相关系数的平方值（R^2）来衡量的，R^2 达到显著，则表示观测变量能被它的潜在变量解释的变异量越大，说明观测变量有较好的信度；二是结构模型的评价，测量的是理论建构模型中的因果关系是否成立，评价标准是潜在变量之间的路径系数是否达到 0.05 的显著水平，如果达到显著水平，说明潜在变量之间有比较强的相关性。

5.1.8.3　模型拟合与模型修正

样本数据为 276 份，缺失值处理方式选择 AMOS 21 内设的回归补缺方法。模型修正时，既要模型修正指标大于 4，同时参数的改变比较大，修正才有实际意义。初始模型经过模型拟合，发现指标大于 4 时，参数改变量都很小，同时绝大部分参数的修正没有理论支持，因此，本研究没有根据修正指标进行修正。模型估计时，潜变量与潜变量之间的路径系数如果出现与理论构建相反的情况，需要删除路径。本研究模型拟合时，知识产权与冲突之间的相关系数估计值为 -0.025，$P = 0.883 > 0.05$。一方面，参数估计没有达到显著；另一方面，数据显示，两者之间关系为负相关，但理论建构是正相关，因此删除知识产权与冲突之间的路径。修正模型与路径系统标准化估计值如图 5-2 所示。

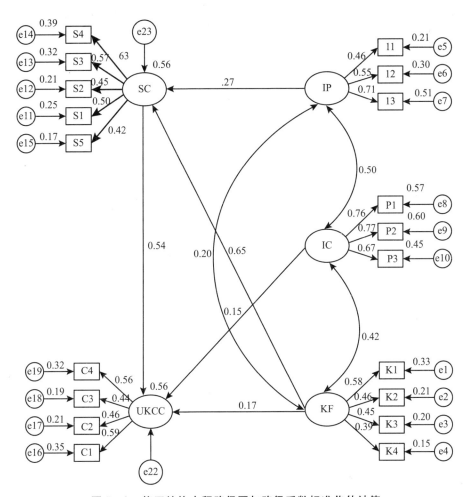

图 5 – 2 修正结构方程路径图与路径系数标准化估计值

5.1.8.4 模型评价

模型基本拟合度

（1）没有误差方差为负；

（2）估计参数之间的标准相关系数没有≥1；

（3）没有太大的标准误差；

（4）因素负荷量没有太小值；

（5）所有的误差变异都达到显著水平。

根据以上基本拟合度指标评判标准，本研究结构方程模型的基本拟合度比较好。

模型整体拟合度

由于整体拟合度指标众多，表 5 - 16 只列出重要的指标，从这些重要指标来看，绝大部分是满足要求的。

表 5 - 16   模型整体拟合度评价指标

统计检查量	适配的标准或者临界值	估计值	拟合结果
χ^2 值	P > 0.05（未达显著水平）	P = 0.000，达到显著水平	偏小
GFI 值	> 0.9 以上	0.916	满足
RMR 值	< 0.05	0.022	满足
RMSEA 值	< 0.05（适配度良好）< 0.08（适配度合理）	0.049	满足
ECVI 值	理论模型的 ECVI 值小于独立模型的 ECVI 值，且小于饱和模型的 ECVI 值	（1.199 理论假设模型）1.382（饱和模型）4.018（独立模型）	满足
CFI 值	> 0.9 以上	0.895	不满足
PGFI 值	> 0.5 以上	0.694	满足
NC 值（自由度比值）	1 < NC < 3 模型符合简约适配度程度 NC > 5 表示模型需要修正	1.651	满足

模型内在拟合度

模型内在拟合度适配情况如表 5 - 17、表 5 - 18 和表 5 - 19 所示。

表 5 – 17　　　　　　　　　　结构方程模型路径参数估计值

			Estimate	S. E.	C. R.	P	Label
社会资本（SC）	<---	知识产权（IP）	0.262	0.101	2.585	0.010	par_18
社会资本（SC）	<---	知识因素（KF）	0.572	0.128	4.484	***	par_19
企业—大学知识链冲突	<---	社会资本（SC）	0.753	0.249	3.021	0.003	par_20
企业—大学知识链冲突	<---	知识因素（KF）	0.214	0.212	1.007	0.314	par_21
企业—大学知识链冲突	<---	个人特征（IC）	0.104	0.066	1.579	0.114	par_22
K1	<---	KF	1.000				
K2	<---	KF	0.896	0.176	5.076	***	par_1
K3	<---	KF	0.763	0.152	5.018	***	par_2
K4	<---	KF	0.761	0.167	4.556	***	par_3
I1	<---	IP	1.000				
I2	<---	IP	1.143	0.225	5.089	***	par_4
I3	<---	IP	1.785	0.346	5.163	***	par_5
P1	<---	IC	1.000				
P2	<---	IC	1.133	0.111	10.254	***	par_6
P3	<---	IC	1.056	0.111	9.529	***	par_7
S1	<---	SC	1.000				
S2	<---	SC	0.920	0.175	5.268	***	par_8
S3	<---	SC	1.258	0.210	6.003	***	par_9
S4	<---	SC	1.313	0.208	6.299	***	par_10
S5	<---	SC	0.849	0.171	4.959	***	par_11
C1	<---	企业—大学知识链冲突	1.000				
C2	<---	企业—大学知识链冲突	0.636	0.116	5.467	***	par_12
C3	<---	企业—大学知识链冲突	0.606	0.115	5.274	***	par_13
C4	<---	企业—大学知识链冲突	0.855	0.137	6.217	***	par_14

表 5 – 18 标准路径系数表

			Estimate
SC	<---	IP	0.265
SC	<---	KF	0.649
企业—大学知识链冲突	<---	SC	0.539
企业—大学知识链冲突	<---	KF	0.173
企业—大学知识链冲突	<---	IC	0.146
K1	<---	KF	0.577
K2	<---	KF	0.457
K3	<---	KF	0.449
K4	<---	KF	0.391
I1	<---	IP	0.456
I2	<---	IP	0.549
I3	<---	IP	0.712
P1	<---	IC	0.756
P2	<---	IC	0.774
P3	<---	IC	0.669
S1	<---	SC	0.500
S2	<---	SC	0.454
S3	<---	SC	0.567
S4	<---	SC	0.627
S5	<---	SC	0.415
C1	<---	企业—大学知识链冲突	0.594
C2	<---	企业—大学知识链冲突	0.461
C3	<---	企业—大学知识链冲突	0.438
C4	<---	企业—大学知识链冲突	0.564

表 5 – 19　　　　　　　　SEM 模型各变量方差

	Estimate	S. E.	C. R.	P	Label
KF	0.100	0.025	3.997	***	par_23
IP	0.080	0.025	3.171	0.002	par_24
IC	0.300	0.047	6.427	***	par_25
e23	0.034	0.012	2.892	0.004	par_26
e22	0.068	0.021	3.142	0.002	par_27
e1	0.201	0.024	8.511	***	par_28
e2	0.305	0.030	10.062	***	par_29
e3	0.231	0.023	10.137	***	par_30
e4	0.323	0.030	10.600	***	par_31
e5	0.307	0.030	10.108	***	par_32
e6	0.244	0.027	8.907	***	par_33
e7	0.249	0.045	5.476	***	par_34
e8	0.225	0.030	7.438	***	par_35
e9	0.258	0.037	6.969	***	par_36
e10	0.414	0.045	9.216	***	par_37
e11	0.234	0.023	10.317	***	par_38
e12	0.254	0.024	10.631	***	par_39
e13	0.262	0.027	9.710	***	par_40
e14	0.207	0.023	8.936	***	par_41
e15	0.270	0.025	10.851	***	par_42
e16	0.280	0.032	8.788	***	par_43
e17	0.229	0.022	10.307	***	par_44
e18	0.236	0.023	10.476	***	par_45
e19	0.239	0.026	9.226	***	par_46

从以上观察数据可知模型的内在拟合适配度情况：

（1）所有的误差方差都达到了显著水平；

（2）所有的潜在变量与观测变量之间的因素负荷量都达到了显著，并且没有很低的因素负荷量；

（3）结构方程中个人特征和知识因素与冲突的路径系统没有达到显著水平。

从整体来看，本研究模型的内在拟合度是可以接受的。

5.1.8.5 研究结果分析

（1）社会资本对企业—大学知识链冲突的影响

社会资本和企业—大学知识链冲突之间的路径系数的估计值为 0.735，临界比（C. R.）= 3.021 > 1.96，达到 0.05 显著性水平，因此，社会资本对企业—大学知识链冲突具有显著的正面影响。

（2）个人特征对企业—大学知识链冲突的影响

个人特征与冲突之间的路径系统为 0.104，临界比（C. R.）值为 1.579，P 值没有达到显著水平，从样本数据来看，个人特征和企业—大学知识链冲突之间没有显著的相关关系。

（3）知识因素对企业—大学知识链冲突的影响

知识因素与冲突之间的路径系统为 0.214，临界比（C. R.）值为 1.007，P 值未达到显著水平，从样本数据来看，知识因素与企业—大学之间的冲突没有显著的相关关系。

（4）知识因素、知识产权因素对社会资本的影响

知识因素与社会资本之间的路径系数为 0.572，临界比（C. R.）值为 4.484，P 值达到 0.05 显著水平；知识产权因素与社会资本的路径系统为 0.262，临界比（C. R.）值为 2.585，P 值达到 0.05 显著水平。从样本数据来看，知识因素、知识产权因素与社会资本之间有显著的相关关系。

结构方程模型检验以理论为基础，因此，进行统计分析决策时，要兼顾理论的合理性，大多数模型适配度指标只是反映分析技术上的程度，不是理论上的证据。指标的完美适配可能只反映在一个可能模型中，但并不表示，这个模型最完美，因为指标的最优化，仅仅反映的是技术上的最佳化，而不是理论上的。对于任何统计分析方法来说，都无法避免主观判断，结构方程模型亦是如此，因此，结构方程模型的建构需要理论支持，尤其

在模型修正时，不能脱离理论，完全按照 AMOS 提供的修正指标来修正模型，这是一种数据导向的分析，而非验证理论建构①。

在进行模型整体拟合之前，分别对每个测量模型与结构模型进行检验，因素负荷量或者是单向路径系数都达到了显著性水平。出现路径系数不显著的原因可能是由于样本数据小，当本研究又加入 20 份样本时，临界比（C. R.）值在增大，这说明，没有达到显著水平的原因可能是数据样本还不够大，因此，尽管，本研究的 276 份数据不支持某些理论假设，但并不表示它们之间没有正面影响作用，结构方程应该是理论导向，而非数据导向。

知识产权和知识因素与冲突的直接影响关系没有得到数据验证，但是知识因素、知识产权因素与社会资本的直接相关关系得到了数据的验证，社会资本与冲突的直接相关关系也得到了数据的验证，这说明，知识因素与知识产权因素通过社会资本因素影响冲突。企业—大学知识链冲突原因因素实证分析建立假设的依据大多数是外文文献，而通过问卷调查获得的数据来源是国内的企业工作人员或者是大学工作人员，所以，尽管数据不支持某些理论假设，但是数据验证得出了一个非常符合中国实际情况的结果，那就是，在中国的国情里，社会资本比任何其他因素都重要，这说明，企业和大学在相互合作的过程中，非常重视社会关系，而不良的社会关系可以直接导致冲突。笔者对西南交通大学某些具有合作项目经验的老师采访时，大部分的回答类似"没有很多知识产权纠纷""知识流动比较顺畅"，因此，在中国，知识因素和知识产权因素在大多数情况下不会直接导致冲突，但是知识因素和知识产权因素会影响社会资本的有效形成，而社会资本又是冲突形成的一个关键因素。当然，数据验证只代表了中国的实情，所以，数据验证没有显著相关关系并不能说明两者之间确实没有相关关系。结构方程是理论导向的，我们应该充分尊重理论基础，不能随意删除模型路径，不能以数据为导向。

---

①　HUBERTY C J, MORRIS J D. A single contrast test procedure [J]. Educational and Psychological Measurement, 1988, 48: 567 – 78.

5.2　企业—大学知识链冲突参数的过程维度分析

企业—大学合作过程模型中包含了企业和大学进行研究合作的 5 个呈现线性状态的关键活动，即领域搜索、申请报告、启动、传递和评价（Simon Philbin，2008）[①]。这 5 个阶段是研究开发合作的一般过程，并非所有的研究项目都经历这 5 个阶段，比如说，一个合作研究由企业直接向大学启动的，那么就不需要经历领域搜索阶段；另外，有一些小的研究项目，涉及的资金及人员都很少，也不需要完全经历这全面的 5 个阶段，因此，这 5 个阶段是一般过程。

领域搜索阶段。这个阶段是"机会搜寻"阶段，可以通过政府报告、网站、杂志期刊等不同的信息来源获知行业发展趋势以及市场机会等，也需要通过非正式渠道（人际网络）获知关于研究资助战略等信息，这些信息是不容易获得的，但是对于即将到来的研究机会是非常重要的。企业要对自己内部资源和能力进行全面评估后，明确研究技术的外部要求。总之，这个阶段，是企业和大学相互寻找合作伙伴机会的阶段。

申请报告阶段。这个阶段的重点是融合大学的供给与企业的战略，尤其是企业开发的相关产品和服务的技术发展计划。由于申请报告直接关系着重要的研究机会，因此，在大学和企业内部，都需要高层次的战略支持，当这种合作可持续时，这种战略支持更为重要。战略支持表现为对即将到来的合作有清晰的认识，并启动对相关利益者的管理。如果是非常重要的合作，大学需要表态，可以在大学内部建立实体，并可以招聘关键的人员来启动新的合作，而且必须要配备资深的经理来进行总体管理。申请报告的价值在于准确地阐述大学的研究可以给企业增加价值，并且能够提高企业的竞争优势。申请报告可以被看作一个市场行为，当进行领域搜索，了解企业需要什么后，大学可以提供具体的技术。这个阶段，也需要拟订详细的客户协议，协议中应该涉及合作中的关键人员，包括技术员工以及高

---

①　PHILBIN S. Process model for university-industry research collaboration [J]. European Journal of Innovation Management, 2008, 11 (4): 488 – 520.

级管理员工。客户协议以及申请报告可以逐步完善，申请报告的大纲可以通过私下的交流来修改和完善，这种修改完善的申请报告才能形成有实质性的技术解决方案。大学在写申请报告时，必须考虑企业要求和市场标准，这样，申请报告才能引起企业的兴趣。申请报告中应该明确分工，大学能够具体从事的工作，明确项目责任以及要交付的成果。如果大学的申请报告投标成功，则进入下一个阶段。

启动阶段。这个阶段是合作的启动阶段，因此，合作双方的良好关系至关重要。在交付阶段之前，依据原始的申请报告，制订研究项目的管理计划框架。要先确定合作的定义，制订工作计划，然后再磋商合同条款。实质性的启动阶段的活动包括形成适当的合作管理系统，如建立研究咨询委员会或者筹划指导委员会，委员会的成员可以包括第三方成员，这样会更加公平、公正地提供合作的标杆。这个阶段很重要的一件事情就是对合同的条款和条件的磋商，在这个方面，双方往往会就一些条款难以达成协议，因此，会遇到各种障碍。若想要磋商过程能够顺利，应该尽早对合作目的和目标达成一致意见。在这个阶段，合作双方各自的产出成果必须阐述清楚，尤其是知识产权问题。

交付阶段。交付阶段是合作实际运行阶段。这个阶段包括了合作的具体运作管理和研究成果的交付。合作双方之间必须有定期的、有效的交流，因此，必须举行定期的会议来审核合作过程，还需要通过月、季或者年度报告来监管这个过程。采用什么形式的报告，依合作的大小（如资金大小、工作人员数、风险水平等）以及合作范围来确定。非常复杂和非常大型的研究计划，还需要配备项目和风险管理系统并配置合适的控制步骤；相反，小型的项目就无须系统的项目管理。这个阶段，管理技巧非常重要。依据资金预算、项目程序和质量要求，确保项目顺利进行。这个阶段也必须确保知识和技术有一个非常有效的流动机制，这包括培训材料的分配，专题研究讨论的安排、合作双方之间的联合出版（比如发表期刊杂志、会议文章或者专利等）。交付阶段，合作双方有可能会对合作项目递交物产生分歧，比如说，赞助者可能会认为，技术报告没有提供必需的信息分析，在这种情况下，有效的冲突或者争端解决程序非常重要。

评价阶段。评价阶段是递交阶段之后的审核阶段。评价阶段的结果可能是同一个项目续签合同或者递呈新的申请报告，也可能是与对方终结合作关系，但是，终结合作关系有两层意思，一是，合作双方暂时没有合作的需要；二是，合作不成功，合作的一方或者双方都不愿意再合作。评价需要依据一系列的绩效考核，包括来自合作中显性和隐性利益。从公司的角度来说，显性的利益包括适当的投资回报，即技术创造的价值，可以用财务指标来衡量。从大学的角度来说，显性的收益包括初期合作的收益、后期的项目、知识产权商业开发的收入以及来自研究项目的出版数目；隐性收益包括具体数据的获得、企业的信息或者情况的了解以及因为这次的合作而提升的知识基础。评价阶段要思考如何建立一个强健的合作关系，比如建立实体或者启动条款等。如果评价的结果是没有递交要求的成果，则需要有合作终止的条款，以便双方可以去寻找真正能够提供所需的合作方。评价阶段是对合作情况、分配和成果进行重要的、全面的核查的一个阶段，但是它不能取代日常的合作检查，比如说，在交付阶段，需要检查分来评估合作进程。

企业和大学合作的一个完整而全面的线性流程就是领域搜索、撰写申请报告、启动、交付和评价 5 个阶段。本研究的目的是确定企业—大学知识链冲突参数，参数是企业—大学知识链上发生冲突的各种情况属性的概括，而领域搜索和评价这两个阶段，尽管的确是完整的企业—大学知识链知识流动的两个阶段，但是，这两个阶段出现冲突的情况比较少，领域搜索阶段，主要是了解信息，了解行情，了解合作方的需求和目的，合作双方没有真正建立合作关系，因此，属于冲突的潜在状态或者萌芽状态；评估阶段，是对合作的全面核查，看合作双方是继续合作还是停止合作，对此次合作是满意还是不满意，因此，是一个总结的阶段。鉴于此，真正产生冲突的阶段为申请报告阶段、启动阶段和交付阶段。本研究确定企业—大学知识链冲突参数的第二维度知识实际传递过程包括申请报告阶段、启动阶段和交付阶段。这个流程的这三个基本部分确定了冲突产生的不同阶段。

5.3　企业—大学知识链冲突参数二维模型

本书通过建立冲突原因和冲突产生过程（知识实际传递过程）二维模型来确定企业—大学知识链冲突参数。根据相关理论基础，本研究确定的冲突原因因素有知识、知识产权、个体特征、社会资本，尽管在实证阶段，根据统计数据的拟合结果，将知识产权因素删除了，这是因为，在现实中，知识产权的讨论一般也是放在合作之初，因此，在合作的主要阶段，一般都会依合同办事，因此，不会出现很大的知识产权的问题，因此，在实证分析阶段，将知识产权删除。但是，虽然在合作的过程中，知识产权很少会引起冲突，然而，在合作之初，知识产权的谈判却是非常重要的一个环节，如果关于知识产权方面的条款或者协议不能落实，往往会造成知识链断裂；虽然数据也没有支持个人特征与冲突的直接关系，但是，这并不代表个人特征与冲突之间没有直接的相关关系，从理论上来说，这种影响是存在的，因此，本研究依旧将知识产权、个人特征放入冲突原因因素中。确定冲突参数模型的第一维度为冲突原因维度，这是确定冲突的原因属性，即冲突的来源。

企业—大学知识链冲突模型为二维模型，第一维度为冲突原因，包括知识、个人特征、社会资本和知识产权4个因素；第二维度为知识实际传递过程，即冲突产生过程，包括申请报告、启动和交付3个阶段，因此，形成 $4 \times 3 = 12$ 个参数，具体参数如表5-20所示。

表5-20　　　　　冲突原因与冲突产生过程确定的冲突参数

冲突产生过程 ＼ 冲突原因	知识因素	个人特征因素	社会资本因素	知识产权因素
申请报告阶段	PF	PI	PS	PR
启动阶段	IF	II	IS	IR
递交阶段	DF	DI	DS	DR

PF、PI、PS 和 PR 分别代表申请报告阶段的知识因素、申请报告阶段的个人特征因素、申请报告阶段的社会资本因素和申请报告阶段的知识产权因素；IF、II、IS 和 IR 分别代表启动阶段的知识因素、启动阶段的个人特征因素、启动阶段的社会资本因素、启动阶段的知识产权因素；DF、DI、DS、DR 分别代表递交阶段的知识因素、递交阶段的个人特征因素、递交阶段的社会资本因素、递交阶段的知识产权因素。文化、收益和时间是从文献中抽取的用得比较多的参数，因此，企业—大学知识链冲突参数为 12 + 3 = 15 个参数。企业—大学知识链冲突具体问题用参数表述成萃智（TRIZ）标准问题后，就可以使用矛盾矩阵表来解决和管理冲突了。

| 6 |
企业—大学知识链冲突矛盾矩阵表

　　创新原理与矛盾矩阵是萃智系统创新方法的重要组成部分。本书尝试建立企业—大学知识链冲突原理，并在原理与参数一一对应基础上，建立企业—大学知识链冲突矛盾矩阵表。企业—大学知识链冲突矛盾矩阵表是企业—大学知识链冲突问题的解决工具，可以有效地解决和管理企业—大学知识链冲突。

　　经验告诉我们，现在碰到的问题，很有可能别人已经碰到过，并且有了很好的解决方案，因此，我们需要把这些问题模型和标准答案归纳和总结出来，这样，当遇到类似问题时，可以进行查阅，大大提高了解决问题的效率。

　　阿奇舒勒按照发明的不同创新性，将创新分为 5 个级别①。

　　（1）对某个技术系统进行简单改进，即最小型发明，需要具备系统所属领域知识（约占 32%）。

　　（2）解决的问题中包含了技术矛盾，即小型发明，需要系统所属行业中不同领域的知识（约占 45%）。

　　（3）解决的问题中包含了物理矛盾，即中型发明，需要其他行业的知识（约占 18%）。

　　（4）开发全新的技术，即大型发明，不是解决现有的技术问题，而是用新的技术代替原有技术，从而解决现有的问题，需要其他科学领域内的知识（约占 4%）。

---

① 根里奇·阿奇舒勒，林岳，李海军等. 实现技术创新的 TRIZ 诀窍 ［M］. 哈尔滨：黑龙江科学技术出版社，2008.

（5）新原理、新现象的发现。用新发现的现象推动现有的技术视频达到一个更高的水平（约占 1%）。

阿奇舒勒在研究数百万专利时，发现大多数专利（95%）属于前 3 级，而萃智理论也主要应用在前 3 个层次上。因此，创新所需要的大部分知识是行业内的知识。萃智不针对特定的创新问题，而是建立了问题解决的流程，并指明了问题所在的方向，因此，萃智理论是建立在普遍原理之上的，具有普适性。随着萃智理论的发展，萃智的应用范围也越来越广，不再局限于工程技术领域，逐渐扩展到自然科学、社会科学、管理科学、生物科学等领域。现在已经总结出 40 条发明原理的领域有工业、建筑、微电子、化学、社会学、管理学、教育等领域，并用于指导这些领域中遇到的问题，其中，管理商业领域的 40 条原理已经细化到商业、市场营销、大规模定制、服务操作管理以及金融等小领域。

随着苏联的萃智专家在 20 世纪 90 年代移居海外，萃智理论逐渐在欧美被人们知道，并展开研究，许多学者开始尝试把萃智理论应用于管理学中。尽管在管理学中的萃智理论的运用不像工程领域那么成熟和完善，尚处于探索阶段，但许多学者的研究表明，萃智应用到管理学中，也是行之有效的。因此，本研究借助萃智理论，在双赢的基础上，建立企业—大学知识链冲突原理和矛盾矩阵。

6.1　企业—大学知识链冲突创新原理的形成

根据创新的级别可知，大部分的创新都属于第一、第二级创新，因此，创新所需要的知识大部分来自于行业内的知识，但是，行业内已经有人碰到了类似的问题并很好地解决了类似的问题，可是你却不知道，因此，需要对行业内的这些经验进行总结，以便碰到类似问题时起到创新思考启发的作用，而萃智理论的 40 条发明原理就是创新方法的提炼和总结。企业—大学知识链冲突原理是将 40 条萃智创新原理放在企业—大学知识链的背景中，把这个领域中的其他人，在双赢背景下解决问题的方案收集起来，提炼后与 40 条原理对应，用企业—大学知识链领域中的例子来阐释 40 条原理，形成企业—大学知识链冲突原理。因此，企业—大学知识链创新原理是指这个领域中的其他人已经成功地用来消除了矛盾的创新策略集。萃智理论的一个信条是其他人在其他地方，可能已经解决了类似的问题，但是，信息没有外传，因此，产生了很多重复发明；萃智理论的另外一个发现就是，当问题解决者识别和消除矛盾时，往往比妥协更容易产生有效的方法。企业—大学知识链冲突原理这个工具，实际上是让企业员工或者大学工作人员在与对方合作过程中，遇到问题时，能够快速了解其他人已经使用过的，跟自己当前问题类似的问题的最好的解决方案。"最好的"实际上指的是这个方案是基于双赢的，而不是赢—输。

6.2　企业—大学知识链冲突矛盾矩阵表的形成

企业—大学知识链冲突 40 条创新原理与矛盾矩阵仅仅是开端，而不是结束。由于案例的有限性，所以现在的矛盾矩阵是对称的，也就是改善 A 参数、恶化 B 参数与改善 B 参数、恶化 A 参数，所获得的创新原理是相同的，随着案例的增加，可以提供不对称的原理。

建立矛盾矩阵时，矩阵中的每个方格的完成都需要两个步骤，第一个步骤是从已知的案例中识别出成功面，然后抽象出它所包含的成功信息，形成创新原理；第二个步骤是模拟假设的冲突情境，然后一一识别能够指引出有效解决方案所在方向的创新原理，即参数和原理的匹配。相对于传统的几百万的专利，这里只有几百个刊登出来的案例，因此，这个版本的矛盾矩阵仅仅是走向成熟版本的第一步，当越来越多的冲突解决案例纳入到这个框架中，矛盾矩阵会逐步走向成熟。具体建立矛盾矩阵时，从某个案例中抽象出两个冲突参数，然后有两种方法：一种方法是从同一个成功案例中，抽取成功的解决方法，再对照创新原理，得出创新原理编号；另一种方法，通过模拟冲突情境，获得对应的创新原理，然后填入改善参数和恶化参数对应的矛盾矩阵方格中，成为解决这两个参数发生矛盾时所推荐的创新原理。这些创新原理可以成为最初推荐的原理的原因是：（1）企业—大学知识链所产生的冲突在一个领域内，所以，一般来说，问题背后具有相同的工作原理；（2）相同领域内的问题具有重复性；（3）可以用其他的案例进行检验、验证和修正。通过成功故事的反求工程所产生的矛盾矩阵与应用这个矛盾矩阵去解决问题，是两回事，通过应用矛盾矩阵于具体的案例后，可以不断修正矛盾矩阵表。当某两个参数产生矛盾时，推荐的创新原理超过一种时，多个案例支持的创新原理成为最适合的创新策略，纵观整个矛盾矩阵，可以识别出比较常用的创新原理。

案例的来源主要有两种：（1）报纸、杂志、书籍等公开刊物上刊登出来的案例；（2）大部分的成功案例都没有在各种媒体上刊登出来，所以可以采用内部总结以及采访、调查等形式把隐性知识转化为显性知识。双赢策略比折中的策略显然要高明得多，应用萃智的抽象策略，把这个领域中好的解决方案编码化成合适的形式，使其能够应用于其他行业或者领域，当然，这只是一个开端。经典的矛盾矩阵建立在几百万个成功的技术案例上，而这个矛盾矩阵只有几百个案例，因此，不能提供同等的权威性，以及保证有效性，但是如果随着越来越多问题被解决，至少可以说明，它是有用的，这需要时间的验证。从案例分析中发现，技术矛盾主要发生在每个阶段内部参数之间，不同阶段参数之间发生冲突甚少，因此，本书有3张矛盾矩阵表，具体如表 6 - 1、表 6 - 2 和表 6 - 3 所示。

表 6 - 1　　　　　　　　　　申请报告阶段的矛盾矩阵表

改善的参数 ＼ 恶化的参数	PF	PI	PS	PR	C	P	T
PF		18, 20	40	10	31, 38	6	2, 31
PI	18, 20		31	19	31	8	20
PS	40	31		10, 8	32	20, 8	24
PR	10	19	10, 8		10, 20	20, 5	10, 24
C	31, 38	31	32	10, 20		10, 17	18, 19
P	6	8	20, 8	20, 5	10, 17		17, 18
T	2, 31	20	24	10, 24	18, 19	17, 18	

表 6－2 启动阶段的矛盾矩阵表

改善的参数 ＼ 恶化的参数	IF	II	IS	IR	C	P	T
IF		10，17，18	23，24	18，19，20，29	30	10	10
II	10，17，18		24，20，17，28	10，5	15	10	38
IS	23，24	24，20，17，28		33，31，22	17，10	25，10，17，33	32，15
IR	18，19，20，29	10，5	33，31，22		17，31，22	15，17，29	24
C	30	15	17，10	17，31，22		10，17	23
P	10	10	25，10，17，33	15，17，29	10，17		26
T	10	38	32，15	24	23	26	

表 6－3 交付阶段的矛盾矩阵表

改善的参数 ＼ 恶化的参数	DF	DI	DS	DR	C	P	T
DF		10，17	24	10，5，20，40，17，32，38，19，28，26，2	30	38，15，5，22，18，25	8，38，15，5，22，18，25
DI	10，17		38，15，5，22	10	15	17，10	18.19
DS	24	38，15，5，22		31，22	17，10	25，10	24，20，10

续表

改善的参数 \ 恶化的参数	DF	DI	DS	DR	C	P	T
DR	10, 5, 20, 40, 17, 32, 38, 19, 28, 26, 2	10	31, 22		31, 22	15, 17	10, 26
C	30	15	17, 10	31, 22		38, 15, 5, 22	38, 15, 5, 22
P	38, 15, 5, 22, 18, 25	17, 10	25, 10	15, 17	38, 15, 5, 22		26, 31, 18
T	8, 38, 15, 5, 22, 18, 25	18, 19	24, 20, 10	10, 26	38, 15, 5, 22	26, 31, 18	

6.3　40 条企业—大学知识链冲突原理①②

原理1　分割（将大的系统分成若干个小的系统，或者对组织或观念进行分割）

（1）大型的研究开发项目要采用工作分解结构；

（2）提供的研究成果要分为显性价值和隐性价值；

（3）优势、弱势、机会以及威胁（SWOT）分析；

（4）短期研发项目可以聘用临时工；

（5）虚拟办公室，远程协作；

① 教育部科技发展中心. 中国高校产学研合作优秀案例集 2008—2010 ［M］. 杭州：浙江大学出版社，2011.

② MANN D. Hands on Systematic Innovation for Business and Management ［M］. Devon：Lazarus Press，2004.

· 150 ·

（6）灵活的项目组织；

（7）细分研究开发项目流程；

（8）知识可以分割为基本知识、诀窍类知识、过程管理知识以及战略知识；

（9）分割员工的各种需求。

原理2 抽取①②（把系统的某些属性抽取出来，目的是增加价值）

（1）大学应该把发明的详细内容在申请报告中写清楚；

（2）建立技术转让办公室；

（3）把问题中人的因素抽取出来；

（4）抽取临近项目的共同部分。

原理3 局部质量（不均衡的系统结构或者环境可能是最有适应性的，实现资源的优化配置）

（1）根据员工个人所需组建办公场所；

（2）灵活的工作时间；

（3）改变固定薪水结构；

（4）定制软件；

（5）调整工作时间，以便适应互联网工作或者是不同时区的项目；

（6）研究开发项目的管理部分以功能划分；

（7）集中注意力在某个重要子项目上。

原理4 增加不对称性原理（使系统或者结构从对称到不对称；本来是不对称的，则增加不对称的程度）

（1）研究项目的预算，根据需要按块划分；

（2）合作双方更加公正的双边交流；

（3）重视隐性知识。

---

① F. - S. VINCENT W. An empirical study of university-industry research cooperation-the case of Taiwan [C]. The workshop of the OECD – NIS Focus on Innovation Firm and Networks. Rome, 2000.

② GOLDFARB B, HENREKSON M. Bottom-up versus top-down policies towards the commercialization of university intellectual property [J]. Research Policy, 2003, 32: 639 – 58.

原理 5 组合原理①②（不同的要素进行组合，或者引入新的要素，组合相同或者相似的物体，组装相同或者相似的部分使其并行操作，把一些平行的操作组合在一起等）

（1）与企业联合发表学术界公认的文章；

（2）研发项目团队的局域网；

（3）与他人合作，与他人交流分享；

（4）咖啡沙龙；

（5）多种形式陈述报告；

（6）结合不同种类的知识；

（7）年轻员工与资历深的员工组合一起。

原理 6 多用性原理③（使物体或者结构执行多种功能）

（1）除了提供公共知识，提供商业知识；

（2）项目工作人员具有多种技能；

（3）设备多用途；

（4）员工可以自己设定工资水平；

（5）技术人员自己设定技术目的、任务目标。

原理 7 嵌套原理（尝试不同方向上的嵌套；把一个物体嵌入另一个物体；让某物体穿过另一物体的空腔）

（1）项目中项目；

（2）利用"为什么""什么"这样问问题的顺序来找到最根本的原因。

原理 8 重量补偿原理④（将某个物体与另一个能够提供向上力的物体组合，以补偿其重量或向下趋势；使某一物体与环境相互作用，以补偿其重量或者向下趋势）

---

① JONES B. University challenge-collaboration between industry and academia [J]. Institution of Engineering & Technology, 2010, 5: 55 – 7.

② DAVENPORT T, PRUSAK L. Working Knowledge: How Organizations Manage What They Know [M]. Boston, MA: Harvard Business School Press, 1998.

③ CHRISTIAN R Q. Knowledge flows through social networks in a Cluster: comparing university and industry links [J]. Structural Change and Economic Dynamics, 2009, 20: 196 – 210.

④ GOLDFARB B, HENREKSON M. Bottom-up versus top-down policies towards the commercialization of university intellectual property [J]. Research Policy, 2003, 32: 639 – 58.

（1）利用办税、股票等进行补偿；

（2）知识产权的宽限权力补偿；

（3）如果你情绪低落，那么选择最能激起你斗志的事情做，你很快会振作；

（4）如果你害怕，你抬高你的头，你会鼓起勇气；

（5）利用"牵线人"弥补双方的不熟知。

原理9 预先反作用原理（如果一个作用会同时带来有害和有用效应，则应该用反作用代替这个作用，以消除有害效应；事先施加反应力，以抵消不期望的应力）

（1）研究项目沟通要汇报全面的信息，而不能只是没有达到预设目标的部分；

（2）项目开始前，评估风险，并提出有效缓解风险的方法；

（3）预先规定终止合作的条款；

（4）预先规定完不成任务的惩罚条款。

原理10 预先作用①②③④（事先对物体施加部分或者全部的改变；预先安置物体，使其在最方便的位置发挥作用而不浪费运送时间）

（1）项目合作前，让有关人员多接触，多交流；

（2）发表文章前，让企业首先过目阅读，看是否有不该泄露的信息；

（3）利用先前经验，磋商知识产权条款；

（4）有关知识产权的磋商，越早越好，一般要在启动阶段，完成磋商；

（5）员工辞退前，可以设定交流、赔偿、警告、扣薪水等其他方法；

（6）合作前，要熟悉和了解合作方的要求和目的；

（7）合作前，制订详细的合作计划或者技术计划；

---

① GILS M V, VISSERS G, WIT J D. Selecting the right channel for knowledge transfer between industry and science consider the R&D – Activity [J]. European Journal of Innovation Management, 2009, 12 (4): 492 – 511.

② RONIT B. University researchers' viewsof private industry-implications for educational administrators-academicians and the funding source [J]. Journal of Educational Administration, 1994, 32 (2): 68 – 85.

③ F. – S. VINCENT W. An empirical study of university-industry research cooperation-the case of Taiwan [C]. The workshop of the OECD – NIS Focus on Innovation Firm and Networks. Rome, 2000.

④ HERTZFELD H R, LINK A N, VONORTAS N S. Intellectual property protection mechanisms in research partnerships [J]. Research Policy 2006, 35: 825 – 38.

（8）会议前，打印出并发给每个相关人员议事安排；

（9）合作前，根据相关需要，对人员进行培训。

原理 11　事先防范原理（为一个相对不可靠的事物，事先准备好应急措施，以补偿它的不可靠）

（1）建立预备技术方案；

（2）建立条款，在诉讼之前，引入仲裁、调解机制；

（3）备份计算机数据；

（4）识别项目中可能出现脆弱或者危险的部分，建立应急措施。

原理 12　等势原理（在一个潜在领域中，限制位置的改变，比如通过改变操作条件，减少物体的上升或者下降）

项目成员按绩效考核发奖金；

原理 13　反向作用原理（用相反的作用来解决问题，如加热物体来代替冷却物体；让物体的可动部分不动，不动部分可动；使物体上下或者内外颠倒）

（1）责备过程，而不是人；

（2）允许失败，鼓励创新；

（3）用最差的做标杆，而不是最好的。

原理 14　曲面化原理①（将物体的直线、平面部分用曲线、球面代替；使用滚筒、球、螺旋结构，把直线运动改为旋转运动）

（1）项目管理使各层人员信息反馈快速，而不是层级制；

（2）某些项目，研发团队人员可以轮流主持。

原理 15　动态性原理②（调整物体、外部环境或者过程，使其处于最优或者最佳工作条件；把物体分割成能够改变相对位置的各部分；如果物体静止的，使其移动或者可动）

（1）研究项目团队的成员可以在地域上或功能上分开；

（2）研发团队成员可以以不同的速度和不同的目标工作，但是他们的

---

① GOLDFARB B, HENREKSON M. Bottom-up versus top-down policies towards the commercialization of university intellectual property [J]. Research Policy, 2003, 32: 639 – 58.

② DAVENPORT T, PRUSAK L. Working Knowledge: How Organizations Manage What They Know [M]. Boston, MA: Harvard Business School Press, 1998.

最终目标是一样的，殊途同归；

（3）合作双方的人员可以在对方的团队里工作；

（4）灵活的项目组织结构；

（5）开放的组织文化；

（6）缩短上层与一般员工的交流距离。

原理16　未达或者过度作用原理（如果期望的效果不能100%实现，则稍微超过或者稍微小于期望效果，简化问题）

项目组成员之间沟通比需要更多的信息。

原理17　空间维数变化原理①（使一个物体进入二维或者三维空间；使物体多层排列而不是单层排列；使物体倾斜或者侧面放置；利用给定面的反面）

（1）面对面交流，近距离交流；

（2）换位思考；

（3）组织结构采用多维的；

（4）同行交流；

（5）聘请顾问，从外向内看问题。

原理18　机械振动②③④⑤（使物体振动；提高振动频率，直至超声振动；利用物体的共振；）

（1）让一定程度的冲突（建设性冲突）存在；

（2）高频率合作；

（3）建立内部竞争；

---

①　BRUNNEL J, D'ESTE P, SALTER A. Investing the factors that diminish the barriers to university-industry collaboration [J]. Research Policy 2010, 39: 858 – 68.

②　BRUNNEL J, D'ESTE P, SALTER A. Investing the factors that diminish the barriers to university-industry collaboration [J]. Research Policy 2010, 39: 858 – 68.

③　F. – S. VINCENT W. An empirical study of university-industry research cooperation-the case of Taiwan [C]. The workshop of the OECD – NIS Focus on Innovation Firm and Networks. Rome, 2000.

④　KNUDSEN M P. Patterns of technological competence accumulation: a proposition for empirical measurement [J]. Industrial and Corporate Change, 2005, 14: 1075 – 108.

⑤　SANCHEZ R, HEENE A, THOMAS H. Introduction: Towards The Theory And Practice Of Competence – Based Competition [M]. Dynamics of Competence-based Competition: Theory and Practice in the New Strategic Management. Oxford: Pergamon, 1996.

（4）项目团队内需要不同的意见，这是创新的源泉；

（5）以不同的形式，频繁交流；

（6）文化建设，合作双方步调一致；

（7）对外交流，注入新鲜血液；

（8）聘用顾问或者外来技术人员。

原理 19　周期性作用①②（代替持续作用，使用周期性作用；已经是周期性作用的，改变作用的频率；在脉冲作用中利用暂停来执行另外一个作用）

（1）定期汇报交流会；

（2）经常合作，周期性合作；

（3）周期性变动项目团队负责人；

（4）定期休假，给员工充电；

（5）假期提供合作双方非正式交流机会。

原理 20　有效作用的连续性原理③④⑤（物体的各个部分满载持续工作；消除空闲或者间隙性作用；）

（1）建立长期的合作关系；

（2）工作间隙可以进行培训；

（3）终身学习；

（4）熟能生巧。

原理 21　减少有害作用的时间原理（将流程或者步骤在高速下进行，加快有害功能执行的速度）

知识产权谈判过程要快。

---

①　BRUNNEL J, D'ESTE P, SALTER A. Investing the factors that diminish the barriers to university-industry collaboration [J]. Research Policy 2010, 39: 858 – 68.

②　GOMES J F S, HURMELINNA P, AMARAL V, et al. Managing relationships of the republic of science and the kingdom of industry [J]. Journal of Workplace Learning 2005, 17: 88 – 98.

③　F. – S. VINCENT W. An empirical study of university-industry research cooperation-the case of Taiwan [C]. The workshop of the OECD – NIS Focus on Innovation Firm and Networks. Rome, 2000.

④　FONTANA R, GEUNA A, MATT M. Firm size and openness: the driving forces of university – Industry collaboration [M]. EARIE Conference 2004. Berlin, 2004.

⑤　ROSENKILDE M. Fou-samarbejder mellem universiteter og virksomheder [J]. Danish Centre for Research Analysis, Aarhus, 2004.

原理22　变害为利原理①②③（利用有害因素，尤其是环境中的有害效应获得有益的结果；以毒攻毒；增大有害因素的程度直至有害作用消失；把自己不能使用的东西转换为能使用的，有害作用与其他作用结合，消除有害作用）

（1）收集充分的信息了解有害作用，然后形成正面的方案来消除它；

（2）避免不确定性；

（3）用改变来克制改变的恐惧；

（4）减少资源，不得不寻找新的方式来解决问题；

（5）把一个问题或者有问题的人放在另外一个环境中，问题就不成为问题，个人能很好地工作。

原理23　反馈原理（引入反馈来改善一个程序或者功能；如果反馈已经存在，就改变其大小；系统产生的任何改变的信息都可以看作反馈）

（1）定期执行统计过程控制，收集信息来决策哪个过程需要修正；

（2）研发从制造、销售处获取信息；

（3）电子公告板；

（4）根据预算方案，判断哪个过程需要修正；

（5）多种标准决策分析。

原理24　借助中介物原理④⑤（使用中介；将一个物体与另外一个容易去除的物体暂时结合起来；在不匹配或者有害的结构、功能、事件、团体、个人之间，使用临时连接）

（1）利用学生作为项目的中介（KTP）；

---

①　GARCIA J, DUTSCHKE G, PETRUCCI M. The hofstede model in the study of the impact of Sevilla expo 92 [J]. Revista de Turismo y patrimonio cultural（PASOS），2008，6（1）：27 - 36.

②　SIAKAS K V, GEORGIADOU E. Knowledge sharing：cultural dynamics [C]. The Proceedings of 7th European Conference of Knowledge Management（ECKM06），Public Academic Conferences，F，2006.

③　HUTCHINGS K. Examining the impacts of institutional change on knowledge sharing and management learning in the People's Republic of China [J]. Thunderbird International Business Review，2005，47（4）：447 - 68.

④　PHILBIN S. Process model for university-industry research collaboration [J]. European Journal of Innovation Management，2008，11（4）：488 - 520.

⑤　CAROLIN PLEWA, QUESTER P. A dyadic study of "Champions" in university-industry relationships [J]. Asia Pacific Journal of Marketing and Logistics，2008，20（2）.

（2）利用"牵线人"与双方沟通；

（3）与合同经理建立良好关系；

（4）磋商时引入第三方，或者重要的个人；

（5）建立子项目，非核心项目；

（6）暂时引入专门针对某一个问题的专家。

原理 25　自服务原理①②（物体通过执行辅助功能来为自身服务；利用废弃的资源、能量或者物质）

（1）团队内部建立自我帮助小组；

（2）自我学习；

（3）良好的合作建立品牌效应，会带来其他的合作；

（4）有经验、有资历的员工培训年轻的员工；

（5）年轻的员工给老员工带来新的技能（如计算机软件等）；

（6）企业员工和学校员工互相服务；

（7）项目团队回聘有经验的老员工；

（8）废物利用。

原理 26　复制③④（用简单、便宜的物质代替不易获得的、昂贵的、脆弱的物质；用光学复制品代替实物或者实物系统）

（1）视频会议或语音会议；

（2）借助标准的知识产权合同，进行磋商；

（3）扫描珍贵书籍资料在合作双方内部传递；

（4）虚拟技术服务介绍；

（5）建立合作双方可以共享的数据库；

（6）利用各种方式来评价合作的绩效。

---

①　COHEN W M, LEVINTHAL D A. Absorptive capacity: a new perspective on learning and innovation [J]. Administrative Science Quarterly, 1990, 35: 128 - 52.

②　CHRISTENSEN J F. Corporate strategy and the management of innovation and technology [J]. Industrial and Corporate Change, 2002, 11: 263 - 88.

③　JELINEK M, MARKHAM S. Industry-university IP relations: Integrating Perspectives And Policy Solutions [J]. IEEE Transactions in Engineering Management, 2007, 52: 257 - 67.

④　HERTZFELD H R, LINK A N, VONORTAS N S. Intellectual property protection mechanisms in research partnerships [J]. Research Policy 2006, 35: 825 - 38.

原理27　廉价代替品原理（用一些便宜的物体代替昂贵的物体，牺牲一些质量；简单代替复杂，廉价代替高价，信息、能量、人以及过程也可成为替代的对象）

（1）聘用实习生；

（2）某些技术外包更节省。

原理28　机械系统替代原理①（用视觉系统、听觉系统、味觉系统或者嗅觉系统来代替机械系统；使用与物体相互作用的电磁场；用可变场来替代恒定场，概念、属性、价值都是可以被替代的对象）

建立各种各样的互动形式，用各种感受去互动。

原理29　液压和气压结构原理②③④（将物体的固体部分用气体或者流体代替，系统中如果包含可压缩、流动、弹性、能够吸收的元件，可以考虑用此原理）

（1）灵活的组织结构代替层级结构；

（2）谁在合作中贡献大，谁获得专利权。

原理30　柔性壳体或者薄膜原理（使用柔性壳体或者薄膜代替标准结构。将一个问题与环境隔离，可以考虑用薄膜或者柔性壳体）

（1）专项技术负责制；

（2）不需要交流时，可以利用灵活的窗帘与他人隔离；

（3）用软件技术把单位的专业技术与一般知识分离。

原理31　多孔材料原理⑤（使物体变为多孔或者加入多孔的材料，如果物体是多孔的，在孔中事先加入某种物质。使用空穴、气泡、毛细管等

① BRUNNEL J, D'ESTE P, SALTER A. Investing the factors that diminish the barriers to university-industry collaboration [J]. Research Policy 2010, 39: 858 – 68.

② AGHION P, TIROLE J. The Management Of Innovation [J]. Quarterly Journal of Economics, 1994, 109: 1185 – 209.

③ CONTI A. Development of university research with or without industry: an analysis of the factors affecting academic researcher's choice [J]. Manuscript Ecole Polytechnique Fédérale de Lausanne, 2008.

④ GILS M V, VISSERS G, WIT J D. Selecting the right channel for knowledge transfer between industry and science consider the R&D – Activity [J]. European Journal of Innovation Management, 2009, 12 (4): 492 – 511.

⑤ PHILBIN S. Process model for university-industry research collaboration [J]. European Journal of Innovation Management, 2008, 11 (4): 488 – 520.

空隙结构)

（1）参加专门的技术会议，政府背景的工业委员会或者论坛，获得更多信息；

（2）与外界交流的层面看成是多孔的，信息流入流出；

（3）创建局域网，增强内部交流，尤其是高层和一般员工的交流；

（4）创建因特网，增强外部交流。

原理32　改变颜色原理①（改变物体或者物体所在环境的颜色；改变物体或者环境的透明度；给物体添加颜色以便观察；已经有颜色，则增加发光追踪或者原子标记；应用此原理的目的是区别不同的物体或者物体的不同特征）

（1）公开、透明的互动；

（2）办公室明亮的颜色，改善员工心情；

（3）六项思考帽；

（4）可以给表现好的员工标签红色；

（5）负责不同功能的团队标签不同颜色；

（6）利用不同颜色代表不同交流程度；

（7）目标、任务制定清晰、具体；

（8）交流、沟通透明；

（9）财务报表透明。

原理33　均质性原理（存在相互作用的物体用相同材料或者相似材料制成。寻找等同性，等同性可以给系统带来好处）

（1）选择本地的单位合作；

（2）合作双方都根植于大学科技园。

原理34　抛弃或者再生原理（采用溶解、蒸发等手段抛弃已经完成功能的零部件或者在系统运行时，直接修改它们；迅速补充工作过程中消耗掉的部分。某个物体的功能一旦完成，立即去掉该物体，或者恢复该物体，以便再次使用）

（1）灵活的、随时可变动的项目团队；

---

① BRUNNEL J, D'ESTE P, SALTER A. Investing the factors that diminish the barriers to university-industry collaboration [J]. Research Policy 2010, 39: 858 – 68.

（2）利用合同工；

（3）租用专业设备。

原理35　改变物理或者化学参数原理（改变浓度、密度、柔性、温度等，可以改变系统的任意的物理和化学的属性）

（1）改变研发团队的结构，每个技术岗位可以增加候补人员；

（2）通过采用股份、奖励等方式让员工对组织满意。

原理36　相变原理（利用物体在气态、液态以及固态之间转换产生某种效应来达到目的或者需要）

（1）意识到知识传递过程的不同阶段，具体要求是不同的；

（2）意识到知识传递过程的不同阶段，"牵线人"的具体要求不同。

原理37　热膨胀原理（使用热膨胀或者热收缩材料；组合使用不同热胀系统的材料）

充分发挥团队员工的社会网络关系。

原理38　强氧化剂原理[1][2]（用空气—富含氧气的空气—纯氧—电离化氧气—臭氧这个顺序来提高氧化水平，氧化剂可以导致过程加速或者失稳）

（1）建立信任；

（2）允许失败，鼓励创新；

（3）培训中，利用模拟、游戏取代传统的讲课形式；

（4）培训中，利用案例教学；

（5）为研发团队注入新的技术挑战。

原理39　惰性环境原理（用惰性环境代替通常环境；使用真空环境；制造惰性环境，可以考虑各种可用的环境类型，还可以考虑"不产生有害作用的环境"）

（1）磋商中的暂停；

（2）会议中给以反应的时间；

（3）办公场所开辟一个安静区域；

---

[1]　VAN DE VEN A H, RING P S. Relying on trust In cooperative inter-organizational relationships – Handbook of Trust Research [M]. Northampton, MA: Edward Elgar Publishing, 2006.

[2]　DAVENPORT T, PRUSAK L. Working Knowledge: How Organizations Manage What They Know [M]. Boston, MA: Harvard Business School Press, 1998.

（4）磋商中引入第三方机制。

原理 40　复合材料原理①（用复合材料代替均质材料，采用复合材料是考虑改变物体构成材料的成分或者种类，在管理领域中，比如考虑不同人员的组合配对）

（1）建立广泛的互动渠道以及互动形式；

（2）组建跨领域团队项目；

（3）采用不同形式进行培训，讲课、模拟、游戏、录像、在线学习等；

（4）项目团队中，不同个性人员搭配；

（5）强硬和柔和磋商团队组合；

（6）项目团队中融合不同的思考方式；

（7）高级技术和低级技术融合投资。

---

① BRUNNEL J, D'ESTE P, SALTER A. Investing the factors that diminish the barriers to university-industry collaboration [J]. Research Policy 2010, 39: 858 – 68.

| 7 |
企业—大学知识链冲突管理知识库

科学现象和科学效应知识库是萃智基础理论之一。本书尝试在科学现象与科学效应知识库基础上，借助基于案例推理技术，构建企业—大学知识链冲突管理知识库，它是企业—大学知识链冲突矛盾矩阵表的一个拓展。

7.1　知识库方法

我们发现这样一种现象，企业员工在跟大学进行项目合作时，经常会向企业其他有过类似经验的同事提出问题，比如：

（1）涉及知识产权的归属问题，如何谈判比较有效？

（2）在谈判中，发现大学合作者过分看重自己的知识和技术，而不太了解企业需要什么，你有好的经验可以告知我吗？

（3）在这次合作中，我不想大学研究者公开发表项目技术，而对方坚持要发表，我该怎么办？

同样，大学老师在与企业合作过程中，也会遇到很多问题。这些问题的一个共同的背景就是企业员工或者大学老师希望通过引入他人过去的成功经验来寻找问题的解决方案①。同一企业的不同员工在与大学进行不同项目合作时，很有可能会遇到相类似的困难和问题，于是其他同事过去的成功经验对他们来说，就非常重要了。

---

① WANG F‑K, MEANS T, JOHN W. Flying the KITE（knowledge innovation for technology in education）through a case-based reasoning knowledge repository [J]. On The Horizon，2003，11（2）：19‑31.

　　随着科学技术的发展，产品的生命周期越来越短，企业靠一己之力存活于市场的时代已经过去了，企业必须获得外部知识才能提高企业的创新能力，提高企业的核心竞争力。大学是企业的一个重要的外部知识源，企业与大学的合作促进了知识流动，形成了知识链。但是，自知识链组建之日起，冲突便相伴而生，如果不能有效地解决冲突，冲突会使知识流动受阻，甚至导致知识链断裂，因此有效解决冲突，是企业的一个重大课题。

　　知识管理，它是指以系统的方式寻找、收集、储存、扩散和利用知识以提高组织的绩效和创新[1]。知识管理的核心就是要创建知识共享氛围，在这种氛围中，通过知识的内部、外部共享以增加组织的价值①②。企业员工在一次次与大学合作的过程中，积累了丰富的成功经验和失败教训，这些重要的隐含经验类知识散存于企业员工的头脑中，不易被分享、传播和重复利用。知识库建立的目的就是通过收集员工的个人知识，并储存这种个人知识，并且在储存以后，使其他人能够非常容易地在知识库中检索所需要的类似知识。这个由个人知识累加而成的知识库就形成了企业知识，因此，知识库是"企业的记忆"，通过累积个人知识，提高了组织的知识。个人知识既包括显性知识也包括隐含经验类知识，因此，知识库不仅包括事实型的、文档型的显性知识，而且也包括储存在大脑中的隐含经验类知识，如小贴士、洞察以及经验故事③。

　　知识库的优势在于：第一，知识库中的知识虽然源于个人知识，但是公共财产，企业的每个员工都有权利使用；第二，通过知识库，可以学习他人的知识，知道他人在做什么、想什么，他人是应用什么方法解决类似问题的；第三，通过学习，加上自己的领悟和经验，可以产生新的知识。

　　萃智理论中科学效应库的建立基础是系统实现一定的功能，效应是实现这种功能的原理。经典萃智理论中有效应库，是物理、化学等效应的集

---

　　① ALLEE V. The knowledge evolution: expanding organizational intelligence [M]. Woburn, MA: Butterworth – Heinemann, 1997.

　　② DAVENPORT T H, PRUSAK L. Working knowledge: how organizations manage what they know [M]. Boston, MA: Harvard Business School Press, 1997.

　　③ WANG F – K, MEANS T, JOHN W. Flying the KITE (knowledge innovation for technology in education) through a case-based reasoning knowledge repository [J]. On The Horizon, 2003, 11 (2): 19 – 31.

合。因此，在非技术领域，应该也建立一个效应库。作者从心理学、经济和管理领域中总结出了一个效应库，并以人的特性进行分类。

7.2 基于案例推理方法

7.2.1 基于案例推理的认知科学理论基础

基于案例推理概念来自于对人类经常依赖于回想以前的经验来解决新的问题的认知观察①②。当遇到问题时，人们通常先评估遇到问题的各种情况特征，在大脑中，搜索过去相似情况的经验记忆，探寻同行、同事的相似过往经验，并利用这些经验来形成新问题的新方案，当这个新方案被证明是行之有效后，方案就成为新知识，被保留在大脑中以便将来使用。因此，基于案例推理是用来解决日常问题的日常的、常识性的推理方法，是一个基于智慧和认知科学的可行的一般模型，这个模型描述利用一种技术，对过去相似情境的知识和信息，进行推理来处理和解决现在的问题③④。

认知科学理论有情境认知理论、认知灵活性理论、隐含经验类知识论和分散认知论⑤。

（1）情境认知理论

情境认知理论强调情境与认知之间的动态相互作用的过程。情境活动与认知是不可分离的，活动不是学习与认知的辅助手段，而是学习与认知的一个有机组成部分。学习者在情境中获得了知识，学习与认知的本质就是情境性的。丰富的情境供应不仅能够反映知识在真实生活情境中的应用，

---

①③　KOLODNER J. Case-based Reasoning［M］. San－Mateo，CA：Morgan Kaufmann，1993.

②　SCHANK R C. Dynamic Memory Revisited［M］. New York：Cambrige University Press，1999.

④　CHOY K L，FAN K K H，LO V. Development of an Intelligent Customer-supplier Relationship Management System：the Application of case-based reasoning［J］. Industrial Management & Data Systems，2003，103（4）：263－74.

⑤　刘亚娟. 基于案例推理（Case-based Reasoning）的教学案例知识管理系统的设计［D］. 吉林：东北师范大学，2006.

还有保持情境的复杂性，当然不是情境越复杂越好，而是要有意义。情境越有意义代表，知识、经验、技能与其被应用的情境的联系程度越高。建构性学习强调学习者应用过去的经验，以自己的方式，主动建构内部心理表征的过程。在问题解决过程中，问题解决者更深入、更广泛的学习会激活自己原有的经验，去分析当前的问题情境，通过积极分析和推论，产生新的理解、新的假设，而这些理解与假设的合理性又在当前情境中被证明和检验，其结果可能是对原有知识的丰富、充实、调整和重构。学习者通过与教师、专家、合作者以及其他不同层次的人进行互动学习，为其提供不同的信息情境源，产生与以往不同的理解，扩大了知识范围。

（2）认知灵活性理论

认知灵活性理论认为，知识分为良构领域（well-structured domain）的知识和非良构领域（ill-structured domain）的知识。良构领域的知识是指，关于某一主题的事实、概念、规则和原理，它们之间以一定的层次结构组织在一起。非良构领域的知识是指，良构领域的知识应用于问题情境而产生的知识，即应用的知识。就算同一良构领域的知识应用于不同的问题情境，也会产生不同的非良构领域知识。认知灵活性理论认为，在复杂和非良构领域知识中的学习是学习者主动进行双向建构的过程。首先，学习者对新信息、新情境的理解，是利用已有的经验，超越提供的信息而建构的；其次，从记忆系统中提取的信息，不是简单的提取，也是要按具体的新信息、新情境意义进行建构，另外是对原有经验的调整和重组。由于非良构领域存在概念的复杂性以及实例的多样性，不是原封不动地把原有的知识结构提取出来帮助新信息的建构，而是抽取心理表征结构中的知识，根据特定的情境，进行新的建构，当心理表征的知识具有多维度时，学习者才能全面理解知识，并灵活应用知识。

（3）SECI 模型

知识转化（SECI）模型就是隐含经验类知识与显性知识相互转化的模型。竹内高弘高、野中郁次郎（2006）[①] 研究了隐含经验类知识与显性知识转化的四种模式。这四种模式的转化呈一个不断上升的螺旋结构，表示

---

① 竹内高弘高，野中郁次郎. 知识创造的螺旋：知识管理理论与案例研究 [M] 李萌，译. 北京：知识产权出版社，2006.

知识的不断增长。这四种模式为：S－社会化（Socialization）模式指的是，隐含经验类知识到隐含经验类知识的转化。个体与个体通过肢体语言、动作、表情、干中学等形式分享各自的经验、经历、诀窍、技巧、方法、心得等难以编码化的知识，使知识在人与人之间传播，个人通过相互学习，提高个人的知识水平；E－外化（Externalization）模式是指，隐含经验类知识到显性知识的转化过程。隐含经验类知识难以编码化，但是，通过团队成员的相互合作、交流，在 S 模型的基础上，加深对隐含经验类知识的理解，然后用语言、图表、模型等概念化、启发化、形象化、比喻式等方式把一部分隐含经验类知识转化为显性知识，显性知识的增加，显然可以提高组织的知识水平；C－组合化（Combination）模式是指，显性知识到显性知识的转化。通过对已有的显性知识进行分析、分类、重组、调整，产生新的知识体系，以便进行扩散和分享；I－内化（Internalization）模式是指，显性知识到隐含经验类知识的转化过程。人们通过学习显性知识，记忆显性知识，然后利用已有的经验和学习能力，对知识进行加工、分析、重组等形成新的个人的隐含经验类知识，是个人的一个学习过程。

（4）分散认知理论

分散认知是指，认知分布于个体内、个体间、媒介、环境、文化、社会和时间等之中，是包括认知主体和认知环境，以及所有参与认知活动的事物的一个多分析单元系统。认知不是孤立的，解决问题所需要的知识分散存在于许多他人身上。分散认知认为，学习不仅要使团队中每个人各尽其长，还要通过交流、分享、资源、工具等形式使原本处于分散的知识能够汇集和分享。

7.2.2　基于案例推理思想基础及系统的工作过程

基于案例推理的思想最早来源于《动态记忆》（*Dynamic Memory*）一书，书中提出了动态记忆存储理论（Roger Shank，1982）。1983 年，詹妮特·科洛德纳（Janet Kolodner）等人开发了最早的一个基于案例推理系统，名字叫 CYRUS，主要用于前美国国务卿塞鲁斯·万斯（Cyrus Vance）的各种会议和旅游查询。这个系统使基于案例推理开始突破认知领域的框架。

另外对基于案例推理理论产生重要影响的有 1989 年德克萨斯州立大学的布鲁斯·波特尔（Bruce Porter）提出的机器分类学习概念。20 世界 80 年代后期，美国想起（Remind）系统的产生，标志着基于案例推理从认知领域走向人工智能领域。基于案例推理研究沿着纵深和广度两个维度进行发展，一方面，研究继续深入，涉及基于案例推理系统的每个具体的环节，比如相似度计算方法的研究、知识表示方法的研究以及特征值如何表征等，同时也向广度和综合发展，结合其他的数据库技术、计算机技术、网络技术、代理人技术等在不同领域进行应用。基于案例推理已经在医药医疗、法律案例、电子商务、网店等领域得到了行之有效的应用证明①。

　　基于案例推理是人工智能的一个分支，是知识管理的一种辅助技术，近年来，在知识管理领域受到了广泛的关注，那是因为它具有通过仿真人类记忆储存和检索基于经验知识的能力以及发挥储存组织知识的组织记忆相类似的功能的能力②。许多成功的基于案例推理的系统已经发展成为企业的记忆并且为企业决策提供支持③。立克（Leak，1996)④ 把基于案例推理总结为"通过牢记进行推理"。是基于案例推理的工作流程如图 7-1 所示。

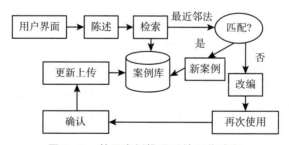

图 7-1　基于案例推理系统工作流程

---

　　① 刘亚娟. 基于案例推理（Case-based Reasoning）的教学案例知识管理系统的设计 [D]. 吉林：东北师范大学，2006.

　　② AHA D W, BECERRA – FERNANDEZ I, MAUFER F, et al. Exploring synergies of knowledge management and case-based reasoning [M]. AAAI 1999 Workshop. Menlo Park, CA：AAAI Press, 1999.

　　③ LENZ M, BARTSCH – SPORL B, BURKHARD H – D, et al. Case-based Reasoning Technology：from Foundation to Applications [M]. Lecture Notes In AI # 1400. Berlin：Springer – Verlag, 1998.

　　④ LEAKE D B. Case-based Reasoning：Experience, Lessons and Future Directions [M]. Menlo Park：AAAI Press, 1996.

基于案例推理帮助用户解决问题时，系统的工作程序具有如下相似的步骤①。

（1）陈述。对目前问题进行描述，使其成为基于案例推理系统的新案例。

（2）检索。在基于案例推理系统中输入新的案例，然后在案例库中检索出与新案例最相似的案例。

（3）改编。如果被检索出来的最相似的案例不能与要解决的问题案例完全匹配，那么要通过改编来使解决方案适合当前问题。

（4）确认。用户或者基于案例推理系统确认新的解决方案。

（5）更新上传。当新的解决方案确认后，上传新方案及与之匹配的问题，新案例就被加入案例库中以备将来解决问题所需。

基于案例推理方法收集基于经验的知识作为案例，通过启发式的案例索引检索方法来使新问题找到匹配的案例，因此，首先要设计案例的结构特征，这些特征就是案例索引，利用索引，结构化案例并储存于案例库中，其次，当用户需要解决新的问题时，会查询案例库。系统会根据系统预先设计好的相似性评估方法检索出一套相似案例，最后在数据库中评价每个案例之间的相似性。最相似的案例会被检索出来以备用户作为可能的情境使用于现在的问题，用户必须决定是否修改检索出来的方案，也就是，系统不会做决定，只会提供决策支持。在这个阶段，如果检索出来的最相似案例达到了完美匹配，那么系统就实现了目的，任务结束。但是，更有可能的情况是，检索出来的案例与现状的问题仅仅只是一定程度上的匹配。在这种情况下，最接近案例提供了一个次优的解决方案；如果用户决定不利用这个次优方案，那么利用一些预先规定的改编公式或者规则对解决方案进行改编。改编后的适合现在问题的解决方案与问题一起被保存在案例库中以备将来使用。基于案例推理的改编说明了系统具有基本的学习能力，

---

①　ALLEN B P. Cae-based resoning：business applications［J］. Communication of the ACM, 1994, 37（3）：40 -2.

当案例库中的案例逐渐增加，这种学习能力会提高，系统变得更有识别力[1][2][3]。显然，基于案例推理在搜索知识，帮助用户比较各种各样的任务和项目，自动地通知用户相关的新知识、更新情况等方面都非常有用[4][5]。

7.2.3 基于案例推理的优势

基于案例推理，由于它的简单性，是一个非常有前途的基于知识的数据库方法[1]。由于这种方法是模仿人类如何解决问题的，所以它的运作方式非常容易理解。由于计算机化，这种方法也很容易使用。

基于案例推理是一个问题解决模式，这种模式在许多方面，都不同于其他的人工智能方法。传统的人工智能依赖于问题领域的一般知识，通常倾向于利用第一原则，或者"从零开始"来解决问题。基于案例推理则不同，利用过去经验的具体知识来解决新的问题。

基于案例推理也是基于知识系统的一个子集，但是，基于案例推理不同于其他基于知识的技术，比如专家系统中的基于规则推理（RBR），后者是基于"如果……就……"的规则来构筑知识的。基于规则推理系统首先要提取规则，而规则的提取是一个很难的过程，需要领域内的专家把知识经验告诉建立基于规则推理的知识专家，然后他们提取，转化，提炼、编写成规则。在专家系统中改变规则来证明经验有理的成本太高，时间消耗太多，因为牵一发而动全身，任何一个规则的修改，都要涉及整个规则库。基于规则推理通常仅仅提供规则追溯作为行为的解释，这使得即使是一个

① WASTON I. Applying Case-based Reasoning: Techniques for Enterprise Systems [M]. San Francisco, CA: Morgan Kaufmann Publishers, 1997.

② CHOY K L, FAN K K H, LO V. Development of an Intelligent Customer-supplier Relationship Management System: the Application of case-based reasoning [J]. Industrial Management & Data Systems, 2003, 103 (4): 263 – 74.

③ CHOY K L, LEE W B. Multi-agent-based Virtual Enterprise Supply Chain Network for Order Management [J]. Journal of Industrial Engineering Research, 2001, 2 (2): 126 – 41.

④ PAWAR K S, HAQUE B U, BELECHEANU R A, et al. Towards the application of Case-based Reasoning to decision making in current product development (concurrent engineering) [J]. knowledge-based Systems, 2000, 13: 101 – 12.

⑤ DUTTA S, WIERENGA B, DALEBOUT A. Case-based Reasoning Systems: from Automation to Decision Aiding and Simulation [J]. IEEE Transactions on Knowledge and Data Engineering, 1997, 9 (6).

富有经验的操作者，也存在理解的困难。相对而言，一个基于案例的系统，能够利用案例被推理出来的案例背景，一方面来解释它的行为，因此，给予了操作者非常多有用的信息来进行评估；另一方面，基于案例推理是建立在它具有检索相似案例的能力上的，系统执行依赖于识别案例特征，这些特征代表了问题解决形势以及问题解决方案的特征①②，因此，案例库的建立没有专家系统中规则提取的复杂性。

除了概念和执行的简单，基于案例推理还有其他一些优势。第一，不像基于规则推理只适用于领域知识和理论模型都比较强的知识领域内，基于案例推理适用于比较发散，不能精确定义的，经验类知识比较丰富的问题领域，如管理、文化领域等，因此，基于案例推理的适用范围比较广。结构化的问题，在基于规则推理的系统中，是很难用规则代表和组织的。然而基于案例推理，可以在没有规则和模型的情况下建立；第二，对于用户来说，作为案例的具体例子比专家系统中的规则链更容易理解，也更容易被应用于各种形式的问题解决背景；第三，在基于案例推理过程中的确认和更新步骤提供了一个向经验学习的框架。当已经存在的案例经过改编，并证明是行之有效后，新的经验就被"学习"了，并被加入了案例库中；第四，一个案例库是组织存在的反映。组织案例的案例特征，代表了一定知识领域中组织的本体论。在知识库中收集的案例，告诉我们这个组织对它的经验处理到了什么程度。因此，获得新的案例，给了组织一个检验和提高它经验的机会③；第五，初学者学习的一个最有效的途径就是，细阅以前处理过相似问题的专家们的经验④。在案例库中的案例是现实世界真实的问题解决经验。在相似问题背景下，初学者研究和应用探索法和教训，受益匪浅。这些案例不仅包括案例事实，而且通过背景信息丰富了事实，这

① KOLODNER J. Case-based Reasoning [M]. San – Mateo, CA: Morgan Kaufmann, 1993.

② WASTON I. Applying Case-based Reasoning: Techniques for Enterprise Systems [M]. San Francisco, CA: Morgan Kaufmann Publishers, 1997.

③ WANG F – K, MEANS T, JOHN W. Flying the KITE (knowledge innovation for technology in education) through a case-based reasoning knowledge repository [J]. On The Horizon, 2003, 11 (2): 19 – 31.

④ EDELSON D C, DOMESHEK E A. Proceedings of the International Conference on the Learning Sciences [M] //KOLODNER J, HMELO C E, NARAYANAN N H. Prombelm-based learning meets case-based reasoning. Evanston, IL: Northwestern University Press, 1996.

些背景信息使得用户更容易理解事实和记忆事实。

鉴于此，基于案例推理同萃智理论中的创新原理以及科学效应库的构建背景非常类似，因此，本书借助基于案例推理的技术来实现对企业—大学知识链冲突管理知识库的构建。

7.3 企业—大学知识链冲突管理知识库设计

企业—大学知识链冲突管理涉及三个方面：第一，弄清冲突问题是什么；第二，管理冲突的方案是什么；第三，如何把冲突问题与管理方案联结起来；这三个问题贯穿整个基于案例推理的企业—大学知识链冲突管理知识库设计。

基于案例推理的企业—大学知识链冲突管理知识库的工程项目对于企业来说，非常有意义，是个一劳永逸的项目。企业—大学知识链冲突管理知识库基于案例推理实质上是企业—大学知识链冲突管理矛盾矩阵表的一个拓展，矛盾矩阵表根据改善和恶化的参数找到创新原理，而创新原理是通过成功案例的反求工程获得的，但是获得的创新原理是比较抽象的，去掉了原理本身所处的问题背景情境。企业—大学知识链冲突管理知识库基于案例推理不仅能根据参数找到对应的原理，而且可以知道原理背后的案例事实，可以帮助用户更好地学习和理解。本书试图提出企业—大学知识链冲突管理知识库基于案例推理工程项目的概念框架，即建立知识库、收集知识、改善知识库和知识共享。

7.3.1 建立知识库

知识库中的案例就是知识，企业—大学知识链冲突及冲突解决方法是非良构知识。丰富经验类知识，是结构化的知识，不具有很强的理论模型，很难被规则化，因此，适用识别案例特征的方法，而基于案例推理就是这样的方法。企业—大学知识链冲突管理知识库基于案例推理有三个构成部分，即系统功能模块、基于案例推理引擎和操作界面。系统功能是用来设计整个知识库的功能结构和功能模块；基于案例推理引擎是用来索引和组织案例的；操作界面供用户检索案例。

系统功能模块

企业—大学知识链冲突管理知识库基于案例推理有五类用户，即大学老师、核心企业员工、其他企业员工、系统管理员和专家。用户具有不同的权限，以不同的身份登录案例库。

大学老师、核心企业员工和其他企业员工，这三类属于普通用户，普通用户具有问题界面陈述、检索案例、改编案例、确认案例和更新上传案例以及知识讨论与交流的权力。大学老师和其他企业员工的权限是一样的，但与核心企业员工不同，区别在于他们不能触及核心企业的核心资源。

系统管理员是后台操作和维护人员，具有确认用户、删除用户、删除或更新案、发布信息等案例库维护工作的权力。

专家是由大学老师、具有丰富的领域知识的企业员工或行业资深人士和萃智专家构成。专家的权力比较广，除了拥有普通用户的权力外，还具有普通用户没有的案例审核、案例认证的权力。当专家接收到来自案例库的案例认证信息，就需要考察案例的质量，考虑是否把该案例作为新案例储存于知识库中。当案例通过后，案例自动会从临时案例库移入正式案例库中，当一个专家无法决定时，需要几个专家一起商量、讨论后作出决策。专家还具有案例是否过时、案例是否重复、案例是否为最佳案例、案例状态确认等案例审核的权力。萃智专家把已认证案例的具体问题和具体问题的解抽象成参数和创新性原理。与系统用户相对应的系统功能，如图 7 - 2 所示。

基于案例推理引擎

基于案例推理引擎是知识库设计的重要环节，因为涉及案例是如何被记录和存放。设计基于案例推理引擎时，我们需要问这样一些问题：（1）案例知识的表示类型如何设计，也就是案例内容分为几类；（2）我们以什么方式、什么格式来记录和储存案例；（3）案例结构内容是什么，即什么知识应用包含在一个案例中。回答这三个问题，首先要考虑的是企业—大学知识链领域的特征，因为案例所包含的知识是企业—大学知识链知识，其次才是基于案例推理本身的特征。

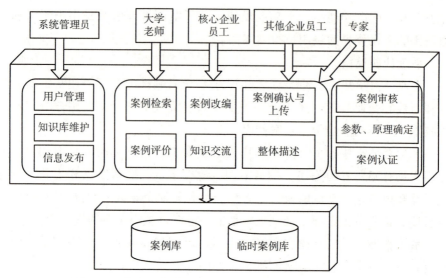

图 7－2　企业—大学知识链冲突管理知识库功能模块设计

（1）案例知识的表示

知识表示的目的不仅仅是为了把知识用数据结构的形式存储在计算机中，更重要的是，能够方便且正确地运用和管理知识。合理的知识表示，可以使问题求解变得更加容易、高效；反之，则会导致问题求解的麻烦和低效。案例知识的表示一般分为三类①。

第一，问题描述：对求解的问题及问题的背景特征进行表述。

第二，解的描述：与问题匹配的解决方案的描述。

第三，效果描述：求解方案的应用能否解决实际问题，或解决问题的效果如何。

本书引入发明问题解决理论对问题和解的描述。具体问题就是你当前所面临的问题；萃智问题是把具体问题表述成萃智标准问题，即技术矛盾（用一对改善和恶化的参数表示）；萃智通用解是创新性原理；具体问题的解是创新性原理应用于具体领域，是针对具体问题的具体解决方案。企业—大学知识链冲突和它的解可以用此方法进行描述，表示为以下几点。

---

① 刘亚娟. 基于案例推理的教学案例知识管理系统的设计［D］. 吉林：东北师范大学，2006.

第一，企业—大学知识链冲突问题背景描述：具体问题的背景特征描述。

第二，企业—大学知识链冲突具体问题描述：当前企业—大学知识链上的冲突。

第三，萃智问题描述：用技术矛盾表示问题。

第四，萃智通用解的描述：用创新性原理表述。

第五，企业—大学知识链冲突具体问题解描述：创新性原理在当前具体问题情境下的表述。

第六，效果描述：使用解决方案的效果，即效果显著、一般和失败。

（2）案例结构和特征值

我们应以什么样的方式和格式来记录和储存案例呢？这就涉及案例的储存结构设计，本书以案例知识表示类型（如表7－1所示）、案例结构内容（如表7－2所示）、案例特征（如表7－3所示）、案例特征值（如表7－4所示）的层次结构形式记录和储存案例。检索结构和储存结构不完全一样，储存结构比检索结构更完备，比如说，解决方案、整体效果描述等属性，在检索时，是不参与的，但是在储存时却是重要的环节。案例的内容可以简单到只是一个操作问题和它对应的解决方法，也可以复杂到拥有多目标、多任务的复杂决策。什么样的内容应该放入一个案例，取决于案例库的整体设计。

表7－1　企业—大学知识链冲突管理知识库基于案例推理的表示类型

案例知识表示的一般类型	企业—大学知识链冲突管理知识库基于案例推理的表示类型
问题描述	企业—大学知识链冲突问题背景描述
	企业—大学知识链冲突具体问题描述
	萃智问题描述
解的描述	萃智通用解描述
	具体问题解描述
效果描述	效果描述

表 7 – 2 　　　　　　　　企业—大学知识链冲突管理知识库
　　　　　　　　　　　基于案例推理的案例结构内容

企业—大学知识链冲突管理知识库基于案例推理的表示类型	企业—大学知识链冲突管理知识库基于案例推理的案例结构内容
企业—大学知识链冲突问题背景描述	标题
	一般描述
	企业—大学互动方式
	企业—大学互动目的
企业—大学知识链冲突具体问题描述	当前面临的问题
萃智问题描述	技术矛盾
萃智通用解的描述	创新性原理
具体问题解	当前具体企业—大学知识链冲突问题的解
效果描述	效果描述

表 7 – 3 　　　　　　　　企业—大学知识链冲突管理知识库
　　　　　　　　　基于案例推理案例特征（指标）

企业—大学知识链冲突管理知识库基于案例推理案例结构内容	企业—大学知识链冲突管理知识库基于案例推理案例特征（指标）
标题	案例名称
一般描述	企业所在行业；企业规模；企业性质；大学类型；大学性质
企业—大学互动方式	企业—大学合作的主要类型
企业—大学互动目的	企业—大学合作的目的
当前面临的问题	知识实际传递过程（冲突产生过程）
	冲突原因
	冲突层次结构
	冲突主体
技术矛盾	参数（恶化的参数和改善的参数）
创新性原理	创新性原理表述

当前具体企业—大学知识链冲突问题的解	解决方案
效果描述	最终效果
	整体效果描述

表7-4　　　　　企业—大学知识链冲突管理知识库
基于案例推理特征值（特征选项）

企业—大学知识链冲突管理知识库基于案例推理案例特征（指标）	企业—大学知识链冲突管理知识库基于案例推理特征值（特征选项）
案例名称	每个具体案例的名称（不确定的）
企业所在行业	国民经济行业分类标准 GB/T4754－2002（确定）
企业规模	0～20人、20～100人、100人以上（确定）
企业性质	国有企业、集体企业、三资企业、联营企业、私营企业及其他企业（确定）
大学类型	综合院校、工科院校、农林院校、医药院校、师范院校、语言院校、财经院校、政法院校、体育院校、艺术院校、民族院校、军事院校（确定）
大学性质	教育部直属高校、其他中央部属高校、地方所属高校（确定）
企业—大学合作的主要类型	合同研究、研究中心、技术推广平台、工业联盟计划、大学科技园（确定）
企业—大学合作的主要目的	联合研究、技术转让、人才培养（确定）
知识一般流动过程	申请报告、启动、交付（确定）
冲突原因	知识冲突、知识产权冲突、个体特征冲突、社会资本冲突（确定）
冲突层次结构	个人层次冲突、群体层次冲突和组织之间的冲突（确定）
冲突主体	科研工作者与学校管理者之间的冲突、科研工作者与企业项目参与者之间的冲突、科研工作者与企业项目经理之间的冲突、学校管理者与企业项目参与者之间的冲突、学校管理者与项目经理之间的冲突、项目参与者与项目经理之间的冲突（确定）

参数	15 个参数（确定）
创新性原理表述	企业—大学知识链领域的创新性原理（确定）
解决方案	方法、途径、策略以及实施步骤（结构目录确定，但内容不确定）
最终效果	效果显著、效果一般、失败
整体效果描述	问题发生的背景、过程、结果

下面是一些案例特征值的相关解释。

第一，与企业相关的三个指标。这三个指标都属于问题背景特征描述，不同背景的企业具有不同的文化、价值观及处理问题的方式。

第二，大学性质、大学类型、企业—大学合作的主要类型、企业—大学合作的目的这四个指标，也属于问题背景特征指标。这四个指标的设置，是因为不同的特征值具有不同的文化、价值观、操作方式、知识流动过程等。

第三，知识流动的一般过程是指，知识从大学到企业传递中经历的一般过程；冲突原因是指，企业—大学知识链发生冲突的原因，两者用来界定问题的范围。

第四，技术矛盾表达需要用到参数，本书的参数是由知识流动过程与冲突原因构成的二维模型确定 12 个参数，加上文化、时间和收益，共 15 个参数。

第五，创新性原理和具体问题解是储存案例最为重要的部分。企业—大学知识链创新性原理是依据经典萃智创新性原理对企业—大学知识链具体问题解的抽象，具体问题解给出方案的具体实施步骤、方法、技巧和策略等。

第六，"确定"是指供你选择的案例特征值是确定的，你只需从其中选择。"不确定"，是指需要具体给出，比如案例名称。具体问题解的结构目录（方法、途径、策略、步骤）是一样的，但内容不同。

第七，整体效果描述，即整个故事，是比较全面地把整个案例的背景、过程、问题、方案、结果全部描述出来，用 Word 或者 PDF 形式储存。

（3）案例内容

案例的内容可以简单到只是一个操作问题和它对应的解决方法，也可以复杂到拥有多目标、多任务的复杂决策。什么样的内容应该放入一个案例，取决于案例库的整体设计，案例的内容、特征、特征值等。

案例知识库操作界面

案例知识库操作界面是知识库内部系统功能的一个外在表现，供用户在自己权限范围内使用的一种清晰、简单的计算机窗口界面模式。用户界面上有三种检索案例的方式，即一般查询、高级查询和参数查询。一般查询，为用户按类别随意浏览学习。高级查询和参数查询是查询相似案例的两种方式。高级查询不同于常用的关键词查询，利用的是一种特殊的问题情境方式查询，按照基于案例推理引擎已经设计好的特征和特征值（无须输入参数值），选择或者输入相关内容，即可点击查询按钮，查询结果为相似案例。参数查询，是为熟悉萃智理论的用户准备，选择萃智问题进行查询，无须再输入当前问题的特征值，这种查询方法更为精确。

7.3.2　收集知识

成立一个专家小组，专门负责案例数据库的设计，包括案例知识表示类型、案例结构内容、案例特征、案例特征值、特征值权重和特征值距离。这些内容的设计过程类似，首先有一位专家拟出一个初始方案，然后其他专家在这个方案的基础上提出意见，进行修改，得到最终方案。这种方法往往比几个专家同时拟订初始方案，然后再讨论，效率要高得多。

搜集案例知识主要有两种途径，第一种是通过公开发表的刊物，如报纸、杂志、书籍、会议论文等来搜集企业—大学知识链的成功案例与失败案例；第二种方式是采访具有合作经验的大学老师和企业员工。采访时提供给被采访者的调查问卷根据案例结构设计成结构模块形式。为了被采访者能够提供高质量的案例，需要对被采访者进行必要的收集案例的技能培训，培训技能包括熟知已经设计好的案例特征和案例特征值；提供充分的信息来描述每个选择的特征和特征值；如何撰写整个案例故事等。培训有两种方式，一种是现场培训；另一种是给培训者一个技术培训包。技术培训包可以采用多媒体图片或者视频的形式来展现，内容包括采访小贴士、采访问题的解释、案例数据库的设计（案例数据库的结构、案例库的指标、特征值）、一套最佳案例作为撰写的标杆、一套练习案例，用于被采访者练习如何索引案例。资料表明，有索引案例经验的采访者往往熟知案例的索引，也知道如何提供有用的、必要的信息使整个案例完整，使案例成为有效案例。通过这种方式培训被采访者，往往能够得到高效的案例知识。采访者把收集的案例递交给整理小组后，整理小组开始把信息录入数据库。整理小组可以由 6 个人组成，并分成两组，每组 3 人。一组负责整理从公开刊物获得的故事，其中两个人整理录入，一个人校对。另外一组负责整理从采访者那里收集来的案例，同样两个人根据提供的索引指标和信息，对照录入系统，另外一个人负责校对。当校对出现异议时，提交专家组进行决策。以上都是初始收集资料，当正式使用案例库后，可以采用在线收集和储存案例①。

7.3.3　改善知识库

当案例库的案例达到一定的数量，比如 200 个案例，就开始进行大范围的查询准确性测试，用设定指标进行查询，当查询结果与预期效果不匹配时，就要检验和调整特征值、权重以及距离值。指标的测试还可以在测试阶段和正式使用阶段进行，允许用户对案例进行评价并计算每个案例用户给予的"有用"概率，然后分析、检验和调整低概率案例的指标，并在案例检索时，在界面上，标出每个案例的"有用"概率，也可以以此来确定最佳案例②。

对于收集案例的有效性，设定一定的规则，利用一定的量规方法，检查案例是否有效，对于无效却误录的案例，要及时调整或者删除。

通过一定范围的测试，让用户使用数据库的界面，从界面的友好性、简便性、清晰性等方面评价界面的使用效果，根据评价，对界面的设计做出调整。

---

①② WANG F – K, MEANS T, JOHN W. Flying the KITE（knowledge innovation for technology in education）through a case-based reasoning knowledge repository [J]. On The Horizon, 2003, 11（2）: 19 – 31.

7.3.4 知识共享

"知识就是力量"这个谚语,在新时代背景下,已经变成了"共享知识就是力量"这个新的思维方式①。知识共享促使知识应用,知识应用促使知识创造。知识的增加始于知识共享。随着知识经济时代的到来,信息网络技术迅速发展,在思维方式、技术上都支持知识共享成为可能。知识共享的范围在不断扩大,从企业内部团队共享知识到企业内部共享知识,再到企业与外部知识源共享知识。

企业—大学知识链冲突管理知识库基于案例推理知识库由一个核心企业建立和维护,但是知识库的应用不局限于一个企业,利用网络技术,企业可以跟合作的大学以及其他相关合作的企业共享知识库。共享知识库涉及核心企业如何与其他组织共享知识,如何保证在共享知识的同时,机密知识或者核心知识不外泄?为了保证核心资源的机密性,企业需要设置一个公共案例库和特殊案例库,任何进入公共案例库的知识,需要利用保密技术过滤一遍,符合非保密要求的知识才能进入公共案例库。特殊案例库,只能在公司范围内使用。这样,在共享知识的同时,不会危害到企业本身。共享知识平台的概念框架如图7-3所示。

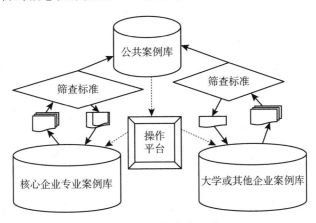

图 7 - 3　知识共享平台

① WANG F - K, MEANS T, JOHN W. Flying the KITE (knowledge innovation for technology in education) through a case-based reasoning knowledge repository [J]. On The Horizon, 2003, 11 (2): 19 - 31.

使用案例库的组织都有权力往知识库中增加新的知识以便扩大知识库。虽然，企业有公共案例库和企业的特殊案例库，但是这些案例库可以在同一个平台上进行操作。为了对进入公共案例库的知识进行筛查，需要设定筛查标准。筛查标准由专家组制定，核心企业的专家组就是上述设计案例库结构的人员构成，一般是每个部门的代表和管理层代表组成。大学或者其他相关企业可以有自己的特殊案例库，也可以没有，但是一定要成立专门的委员会来对进入公共案例库的知识进行审核①。

知识共享还可以扩大到一个区域网络，比如大学科技园，整个科技园的企业和大学都可以共享公共案例库，其原理是一样的。

7.4 技 术 支 撑

建立企业—大学知识链冲突管理知识库基于案例推理知识库的概念框架，需要一定的技术支撑，下面简要介绍一下企业—大学知识链冲突管理知识库基于案例推理的技术实现过程。

7.4.1 最近相邻距离

检索案例时，根据输入或者选择的特征值，系统会检索出最相似的案例，因此，这涉及案例与案例之间的相似度计算，一般基于案例推理系统都采用最近相邻距离法（Nearest Neighbour Algorithm），本书也采用此方法。此相似度计算方法是计算目标案例（新案例，即当前问题）与源案例（数据库中的案例）之间的相似度，距离越近，案例越相似。相似度计算是计算目标案例的特征与源案例的特征的相似度，然后对所有的特征进行加权求和。

计算相似度涉及案例的表示、相似度函数，以及特征与特征值的权重，每个特征值又由特征值名称和特征值权重构成。用 A 表示目标案例，A' 表

---

① WANG C, FERGUSSON C, PERRY D. A Cconceptual case-based model for knowledge sharing among supply chain members [J]. Business Process Management, 2008, 14（2）: 147 – 65.

示源案例。

$$A = \{B_0,\ B_1,\ B_2 \cdots B_{15}\} \qquad (7-1)$$

$$B = \{E_i,\ W_i,\ N_i\} \qquad (7-2)$$

$$E_i = \{X_0,\ X_1,\ X_i \cdots X_n\} \qquad (7-3)$$

$$X_i = \{p_i,\ \omega_i\} \qquad (7-4)$$

其中，B_i 表示案例的特征，如案例名称、大学性质、冲突原因等。本案例库一共有 17 个参与检索的特征。每个案例特征由特征名称（N_i）、特征值（E_i）和权重构成（W_i）。$\{X_0,\ X_1,\ X_i \cdots X_n\}$ 表示特征值 E_i 的具体值。p_i 与 ω_i 是 X_i 的特征值名和权重。比如特征"大学老师"，特征名为大学老师；权重为"大学老师"在所有特征中的重要性；具体特征值为教育部直属高校、其他中央部属高校、地方所属高校；具体特征值教育部直属高校（具体特征值名）的权重是它在三个具体特征值中的重要程度。

案例相似度计算公式如下：

$$SIM(A,\ A') = \sum_{i=1}^{n} \left[1 - sim(B_i,\ B_i') \right] \overline{W_i} \qquad (7-5)$$

$$\overline{W_i} = \frac{W_i}{\sum_{i=1}^{n} W_i} \qquad (7-6)$$

$sim(B_i,\ B_i')$ 是目标案例第 i 个特征与源案例第 i 个特征的相似度。在检索和储存本案例数据库的案例时，由于每个案例特征只需选择一个案例特征值，因此，目标案例的第 i 个案例特征与源案例的第 i 个特征的相似度计算等价于目标案例的第 i 个案例特征的特征值与源案例的第 i 个特征的特征值的相似度。

$$sim(B_i,\ B_i') = sim(p_i,\ p_i') \varpi_i \qquad (7-7)$$

$$\varpi_i = \frac{\omega_i}{\sum_{i=1}^{n} \omega_i} \qquad (7-8)$$

p_i 与 p_i' 代表目标案例的第 i 个案例特征的特征值与源案例的第 i 个特征的特征值。

连续数值类型的计算公式为：

$$sim(p_i,\ p^i) = \sqrt{(p_i - p')^2} \qquad (7-9)$$

字符特征类型，相似度的计算方法如下：

$$sim(p_i, \ p_i') = \begin{cases} 0 & p_i \neq p_i' \\ 1 & p_i = p_i' \end{cases} \qquad (7-10)$$

显然，目标案例与源案例的相似性取值区间为 [0, 1]，数值越小，相似性越大。

7.4.2 案例库建立的系统结构

随着信息网络技术的发展，基于浏览器/服务器（B/S）的技术已经非常成熟，而且使用非常方便，用户在使用时，无须额外的使用技巧培训，也无须做过多的使用说明，也无须安装客户端软件，只要使用浏览器，跟平时上网浏览各种网页，没有任何区别。另外，从本案例库的特点出发，本案例库不是企业独享的数据库，而是一个多点共享的公共平台，共享的大学和企业物理距离不靠近，需要远程协议，因此，基于浏览器、服务器和案例数据库的方式比较适合本案例库的用途。用户通过浏览器，发出各种请求，服务器接收请求并区分用户的权限，然后进入公共数据库和专用数据库查询相关信息，查询结果，由数据库传回服务器，服务器又把信息和数据转换成网络页面语言，通过浏览器到达用户，如图 7 - 4 所示。

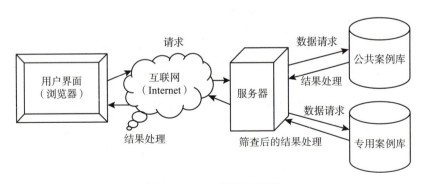

图 7 - 4 B/S 结构示意图

| 8 |

结论与展望

本章总结了本研究所做的主要工作，分析本研究的不足之处，并提出了进一步的研究展望。

8.1 结论与贡献

本书建立了企业—大学知识链冲突管理框架，丰富了知识管理理论、创新理论以及校企合作理论。此理论框架指导企业进行知识链管理，尤其是企业与高校的知识链管理，同时，也能为高校的校企合作管理提供借鉴。

8.1.1 构建企业—大学知识链冲突问题定义工具

这部分建立一个问题定义工具，问题定义工具的作用就是深入挖掘问题的内涵和外延，准确地找到冲突的本质。企业—大学知识链冲突问题定义工具是在萃智工具最终理想解基础上结合故障树分析方法，联合冲突层次结构和冲突主体构建而成。

最终理想解本身就是萃智理论中的问题定义工具，但是最终理想解只能确定冲突的方向，不能精确定位冲突，因此，利用故障树分析方法层层剥开问题的原因，直至问题的根本（底事件），同时利用冲突层次结构和冲突主体对原因进行范围或者类型界定，以便清晰地获得冲突的本质。这个工具能够定位企业—大学知识链冲突，透过现象，抓住本质。

8.1.2　构建企业—大学知识链冲突参数

这部分利用冲突原因和冲突过程二维模型确定企业—大学知识链冲突参数 12 个，再加上常用的收益、时间和文化 3 个参数，共计 15 个参数，对原因维度进行理论和实证分析。企业—大学知识链冲突最主要的原因因素为知识因素、知识产权因素、个人特征因素和社会资本因素。然后设计调查问卷，并利用回收的数据进行探索性因子分析和结构方程分析。

利用 SPSS 进行效度分析时，观察变量提取的共同因子，即观测变量的建构与理论建构是一致的。信度分析是合适的。利用结构方程分析时，发现，基本拟合度指标、整体拟合度指标都适切，观测变量都能够有效地测量潜在变量，即知识产权、知识因素、个人特征以及社会资本很大程度上能解释观测变量。从实际数据拟合中发现一个有趣的结论，社会资本在 4 个因素中对冲突最为重要，社会资本直接影响冲突，知识因素和知识产权因素通过社会资本影响冲突，这与中国的国情十分吻合；数据拟合没有支持个人特征与冲突的相关关系，但是这并不说明个人特征与冲突之间没有相关关系，可能是由于样本数据小，另外，结构方程是理论导向的分析，不能以数据为导向，要充分尊重理论基础，不能随意删除路径，路径的删除要有理论根据，由于理论上支持个人特征与冲突的关系，因此，本书依旧把个人特征作为影响冲突的一个原因因素。

8.1.3　构建企业—大学知识链冲突管理矛盾矩阵表

这部分是构建企业—大学知识链冲突矛盾矩阵。矛盾矩阵是萃智理论中一个重要的内容。矛盾矩阵由参数和原理构成。参数是由冲突原因和冲突过程二维模型确定 12 个参数，加上文化、收益和时间，共 15 个参数；原理是从校企合作的成功案例中抽取出抽象的成功因子，并与经典 40 条创新原理对应，形成 40 条企业—大学知识链冲突创新原理。

由于构建的企业—大学知识链冲突矛盾矩阵是从企业—大学知识链领域中抽取参数和原理构建而成，因此，可以作为管理企业—大学知识链冲突的有效工具，并能提高管理效率。这个工具对于企业和大学来说，都是非常有效的冲突管理工具。

8.1.4 构建企业—大学知识链冲突管理知识库

企业—大学知识链管理知识库是在萃智理论的科学效应库、知识库的基础上，结合基于案例推理技术和企业—大学知识链知识特征构建而成。从建立知识库、收集知识、改善知识库和知识共享 4 个方面具体阐述企业—大学知识链冲突管理知识库的结构；从系统功能模块、基于案例推理引擎和操作界面具体描述知识库的构建。

知识库实际上是矛盾矩阵的拓展，因此，第 7 章也是第 6 章的一个拓展。创新原理的构建是通过成功案例的反求工程获得，是对过去经验的一种积累和抽象，这跟基于案例推理技术非常吻合，因为基于案例推理就是依赖以前的经验来解决新的问题。但是，创新原理是抽象的，没有情境的，当把创新原理放在知识库中，按照一定的结构和特征安排这些知识，效果会变得非常鲜明，因为，知识库包括案例的背景及案例的分析和实施步骤，用户可以快速了解案例，记忆案例。一方面，可以从知识库中找到当前问题的最为接近的解决方案；另一方面，又可以通过改编，加入经验，形成新的解决方案，建构新的知识。因此，知识库是大学和企业学习轨迹的"记忆"。

8.2 研究不足与展望

本书具有一定的理论意义和现实意义，但受时间和笔者能力的有限，书中还有诸多有待进一步完善之处，主要归纳为以下几个方面。

（1）一种理论的构建需要反复验证。冲突原因因素实证部分的数据来源仅为国内具有校企合作经验的企业员工和大学研究者，这是不够的，因为理论的建立是世界范围内的文献，而数据的构成却只有一个地域，因此，数据的拟合只代表个案，不代表一般。下一步需要做的是，调查获得国外的数据，进行拟合，不仅要看拟合结果，还需要对比不同数据来源的拟合结果，以期能够真正建立获得全面数据支持的一般理论结果。

（2）由于案例有限，本书建立的矛盾矩阵表只是一个开端，而不是结束。矛盾矩阵表需要通过不断增加的案例以及验证来逐步修改和完善。下一步要做的工作，收集更多案例，验证矛盾矩阵表，使其成为一个成熟且有效的工具。

（3）企业—大学知识链冲突管理知识库只是一个理论框架，下一步要做的工作就是根据理论框架，逐步设计和建立真实的知识库。

附　　录

调 查 问 卷

尊敬的女士/先生：

　　您好！

　　我们是××大学商学院"企业—大学知识链组织之间冲突研究"课题组的研究生，正在进行一项关于"企业—大学知识链组织之间冲突动因"研究。本调查研究旨在发现企业—大学知识链组织之间冲突产生的原因。非常感谢您在百忙之中协助我们完成调查任务。

　　本调查采用匿名填答方式，所获得的信息和数据仅供学术研究之用，我们将恪守学术研究之道德规范，不以任何形式向任何人或任何组织泄露有关贵单位的相关信息。您的配合将直接决定我们的研究质量和研究结果。因此，请您如实回答问卷内容和相关信息，而不要有任何顾虑。该问卷将花费您3～5分钟的时间作答。感谢您的全力支持！

××大学商学院"企业—大学知识链组织之间冲突研究"课题组

指导教师：××教授

博士研究生：×××

　　附加说明：企业—大学知识链是指以企业为创新的核心主体，以实现知识共享和知识创造为目的，知识在企业与大学之间流动而形成的链式结构。企业—大学知识链冲突是指企业和大学两组织之间由于不同的行为、目标或者文化以及不对称的能力所产生的矛盾积累到一定程度所表现出的一种不和谐状态。

　　请您在相应答案的字母后打"√"即可，每题只能选一个答案。

　　答案没有对错之分，只求真实，或者尽量接近真实即可。

　　本调查问卷只涉及大学和企业两类组织，因此，如果您的单位是企业，那么合作单位是指大学；如果您的单位是大学，那么合作单位是指企业。

一、基本情况（请在相应答案的字母后打"√"即可，每题只能选一个答案）

1. 所在单位类型

A. 985 高校   B. 211 大学   C. 其他类型大学

D. 国有企业   E. 集体所有制企业   F. 外资企业

G. 私营企业   H. 其他类型企业

2. 贵单位的研发人数为

A. 10 人及以下   B. 11～50 人   C. 51～100 人

D. 100 人以上

3. 您所在职位类别

A. 管理   B. 技术   C. 其他类别

4. 您是否参与过校企技术合作

A. 是（直接进入第二部分冲突影响因素题项）

B. 否（继续第 6 题）

5. 你是否熟悉或者了解校企技术合作情况

A. 是（继续第二部分冲突影响因素题项）

B. 否（终止答卷，感谢合作）

二、冲突影响因素（请在相应的答案的字母后打"√"即可，每题只能选一个答案）

1. 我们愿意通过书面形式交流，与合作单位共享合作项目相关知识

A. 非常不同意   B. 不同意   C. 一般   D. 同意   E. 非常同意

2. 我们愿意通过口头形式交流，与合作单位共享合作项目相关经验

A. 非常不同意   B. 不同意   C. 一般   D. 同意   E. 非常同意

3. 我们通常能为不同类型的知识，找到合适的方式传递给合作单位

A. 非常不同意   B. 不同意   C. 一般   D. 同意   E. 非常同意

4. 我们能够理解合作单位传递给我们的知识

A. 非常不同意   B. 不同意   C. 一般   D. 同意   E. 非常同意

5. 我们单位鼓励员工与外界交流知识和信息

A. 非常不同意　　B. 不同意　　C. 一般　　D. 同意　　E. 非常同意

6. 技术转让或者技术开发中，关于技术是否成熟，我们与合作方有相同的想法

A. 非常不同意　　B. 不同意　　C. 一般　　D. 同意　　E. 非常同意

F. 没有遇到过此类情况

7. 知识产权归谁所有，我们与合作单位意见能够一致

A. 非常不同意　　B. 不同意　　C. 一般　　D. 同意　　E. 非常同意

F. 没有遇到过此类情况

8. 对于技术的价格，我们与合作方有相同的看法

A. 非常不同意　　B. 不同意　　C. 一般　　D. 同意　　E. 非常同意

F. 没有遇到过此类情况

9. 我们不会泄露合作方的商业秘密或者技术秘密

A. 非常不同意　　B. 不同意　　C. 一般　　D. 同意　　E. 非常同意

F. 没有遇到过此类情况

10. 我们单位有员工经常与合作方联络感情，维持良好关系

A. 非常不同意　　B. 不同意　　C. 一般　　D. 同意　　E. 非常同意

11. 我们能够相信我们的合作单位

A. 非常不同意　　B. 不同意　　C. 一般　　D. 同意　　E. 非常同意

12. 合作项目的管理比较有效

A. 非常不同意　　B. 不同意　　C. 一般　　D. 同意　　E. 非常同意

13. 我们熟悉合作单位的工作要求和工作方式

A. 非常不同意　　B. 不同意　　C. 一般　　D. 同意　　E. 非常同意

14. 我们投入在合作关系中的时间和精力是值得的

A. 非常不同意　　B. 不同意　　C. 一般　　D. 同意　　E. 非常同意

15. 我们单位员工的个人价值观不会影响双方合作

A. 非常不同意　　B. 不同意　　C. 一般　　D. 同意　　E. 非常同意

16. 我们单位员工的个人目标不会影响双方合作

A. 非常不同意　　B. 不同意　　C. 一般　　D. 同意　　E. 非常同意

17. 我们单位员工的个人角色（身兼几职，不同身份等）不会影响双

方合作

　　A. 非常不同意　　B. 不同意　　C. 一般　　D. 同意　　E. 非常同意

18. 我们与合作单位的合作关系比较和谐

　　A. 非常不同意　　B. 不同意　　C. 一般　　D. 同意　　E. 非常同意

19. 我们与合作单位的合作关系达到预期目标

　　A. 非常不同意　　B. 不同意　　C. 一般　　D. 同意　　E. 非常同意

20. 我们与合作单位的合作富有成效

　　A. 非常不同意　　B. 不同意　　C. 一般　　D. 同意　　E. 非常同意

21. 我们具有与合作单位长期合作的意愿

　　A. 非常不同意　　B. 不同意　　C. 一般　　D. 同意　　E. 非常同意

22. 合作项目有足够的资金和设备支撑

　　A. 非常不同意　　B. 不同意　　C. 一般　　D. 同意　　E. 非常同意

　　本调查问卷到此结束！请检查是否有漏填项目。如果您对本调查问卷的结果感兴趣，请留下您的 E – mail：＿＿＿＿＿＿。届时我们会把调查结果发送至您的邮箱。

　　再次衷心地感谢您对本次调查的配合与支持！祝您身体健康，工作愉快！

参 考 文 献

［1］（苏）阿奇舒勒编著，（美）舒利亚克（英译），范怡红，黄玉霖（汉译）. 哇……发明家诞生了［M］. 成都：西南交通大学，2004.

［2］（苏）阿奇舒勒编著，范怡红，黄玉霖（汉译）. 创新40法［M］. 成都：西南交通大学出版社，2004.

［3］安慧娟. 产学研合作模式研究［D］. 天津：天津大学，2009.

［4］安世虎. 组织内部知识共享研究［M］. 北京：中国财政经济出版社，2008.

［5］百度百科. 知识产权［EB/OL］.［2013 - 03 - 01］. http：//baike. baidu. com/subview/18255/11191707. htm？ fr = aladdin.

［6］蔡建峰，张识宇，薛建武. 两级递阶软对策模型及其在冲突分析中的应用［J］. 系统工程，2004，22（4）：95 - 9.

［7］蔡四青. 国际竞争中技术创新与知识产权保护的冲突与对策［J］. 经济问题探索，1998（2）：54 - 6.

［8］陈光. 中国大陆 TRIZ 研究与推广：现状与问题［EB/OL］. 2001［2012 - 3 - 1］. http：//www. tecn. cn/data/detail. php？ id = 24736.

［9］陈震红，董俊武. 战略联盟伙伴的冲突管理［J］. 科学学与科学技术管理，2004（3）：106 - 9.

［10］程亮. 论产学研合作中的知识产权纠纷及解决［J］. 科技管理研究，2012（6）：164 - 6，205.

［11］单子丹，高长元. 基于多主体多目标多阶段的高技术虚拟企业协商机制研究［J］. 现代管理科学，2008，12：69 - 71.

［12］杜布林冲突系统分析模型［EB/OL］. 2012［2012 - 12 - 03］. http：//wiki. mbalib. com/wiki/% E6% 9D% 9C% E5% B8% 83% E6% 9E% 97%

E5％86％B2％E7％AA％81％E7％9A％84％E7％B3％BB％E7％BB％9F％E5％88％86％E6％9E％90％E6％A8％A1％E5％9E％8B．

[13] 杜宇．冲突管理研究中的冲突定义 [J]．技术经济与管理研究，2006（5）：71 - 2.

[14] 该网站专注于构建一个专业的在线问卷调查、测评、投票平台，该网站的客户已经涵盖跨国公司、市场调研/咨询公司、政府机构、高校及科研机构、媒体等各个行业和领域，包括：中山大学、山东省税务局、中国电信、北京大学光华管理学院、发银行、中粮、步步高、《东方早报》、新民网、《南方都市报》、浦盛高咨询、北森测评、德勤（Deloitte）、Microsoft、Schneider Electric、PHILIPS 等.

[15] 高阳，周伟．虚拟企业冲突预防与消解的研究 [J]．中南大学学报（社会科学版），2003，9（6）：805 - 8.

[16] 葛龙，李会民．企业供应链管理中的冲突分析与合作联盟研究 [J]．生产力研究，2007，14：129 - 31.

[17] 葛新权，李静文，彭娟娟．技术创新与管理 [M]．北京：社会科学文献出版社，2005.

[18] 根里奇·阿奇舒勒，林岳，李海军等．实现技术创新的萃智（TRIZ）诀窍 [M]．哈尔滨：黑龙江科学技术出版社，2008.

[19] 顾新，吴绍波，全力．知识链组织之间的冲突与冲突管理研究 [M]．成都：四川大学出版社，2011.

[20] 顾新．知识链管理——基于生命周期的组织之间知识链管理框架模型研究 [M]．成都：四川大学出版社，2008.

[21] 韩军，车文刚．基于案例推理———一种新型的人工智能推理方法 [J]．昆明理工大学学报（理工版），2003，28（1）：88 - 91.

[22] 黑龙江省科学技术厅．TRIZ 理论应用与实践 [M]．哈尔滨：黑龙江科学技术出版社，2008.

[23] 胡继灵，方青．供应链企业冲突处理机制研究 [J]．科技进步与对策，2004（2）：68 - 70.

[24] 胡永铨．企业战略联盟中的文化冲突与管理策略 [J]．科技进步与对策，2002（3）：9 - 11.

［25］蒋万来．我国知识产权冲突的成因以及解决［J］．浙江学刊，2004（2）：166－70.

［26］教育部科技发展中心．中国高校产学研合作优秀案例集2008—2010［M］．杭州：浙江大学出版社，2011.

［27］井辉，郇志坚．基于TRIZ的复杂管理问题求解模式研究［J］．科学学与科学技术管理，2005（11）：155－8.

［28］雷大力．TRIZ创新理论引入软件项目管理研究［J］．科技管理研究，2006（2）：107－9.

［29］雷昊．供应链中的权力冲突分析［J］．科技进步与对策，2004（11）：68－9.

［30］李恒．产学研结合创新中的知识产权归属制度研究［J］．中国科技论坛，2010（4）：53－9.

［31］李怀祖．管理研究方法论［M］．西安：西安交通大学出版社，2004.

［32］李铁林．世界优秀钢铁企业产学研合作研究［J］．湖北经济学院学报（人文社会科学版），2010（3）：54－5.

［33］梁文宾．基于QFD与TRIZ的服务创新方法研究［D］．天津：天津大学，2006.

［34］林莉，周鹏飞．知识链中知识学习、冲突管理与关系资本［J］．科学学与科学技术管理，2004（4）：107－10.

［35］林嵩．结构方程模型原理及Amos应用［M］．武汉：华中师范大学出版社，2008.

［36］刘国新，闫俊周．产学研战略联盟的冲突模型分析［J］．科技管理研究，2009（9）：417－9，3.

［37］刘慧敏，王刊良，田军．虚拟科研团队中的信任、冲突与知识共享关系研究［J］．科学学与科学技术管理，2007，28（6）：159－63.

［38］刘力．产学研合作的历史考察及比较研究［D］．杭州：浙江大学，2001.

［39］刘亚娟．基于案例推理（Case-based Reasoning）的教学案例知识管理系统的设计［D］．吉林：东北师范大学，2006.

[40] 刘铮. 以创新驱动加快转变经济发展方式——专家谈十八大报告有关"实施创新驱动发展战略"论述 [EB/OL]. 2012 [2012 – 10 – 20]. http://www.gov.cn/jrzg/2012 – 11/12/content_2263432.htm.

[41] 罗宾斯. 组织行为学精要 [M]. 北京：机械工业出版社，2000.

[42] 马静. 产 – 学 – 研合作模式存在的问题及策略探讨 [J]. 西安科技大学学报，2010，30 (5)：633 – 6.

[43] 马力辉. 面向多冲突问题的 TRIZ 关键技术研究 [D]. 天津：河北工业大学，2007.

[44] 马新建. 冲突管理：基本理念与思维方法的研究 [J]. 大连理工大学学报（社会科学版），2002，23 (3)：19 – 25.

[45] 迈克尔·T. 麦特森，约翰·M. 伊万舍维奇. 管理与组织行为经典文选 [M]. 罗伯特·L. 卡恩. 组织中的角色冲突与角色不清. 北京：机械工业出版社，2000：219 – 34.

[46] 孟波. 具有模糊偏好信息韵冲突分析方法及应用 [J]. 系统工程，1991，9 (6)：36 – 41.

[47] 彭艳艳. 冲突分析理论在我国企业劳资关系中的应用 [J]. 科技管理研究，2005 (10)：115 – 7.

[48] 祁红梅，黄瑞华. 动态联盟形成阶段知识产权冲突及激励对策研究 [J]. 研究与发展管理，2004，16 (4)：70 – 6.

[49] 冉茂瑜，顾新. 我国产学研合作冲突分析及管理 [J]. 科技管理研究，2009，11：454 – 456

[50] 荣泰生. AMOS 与研究方法 [M]. 重庆：重庆大学出版社，2009.

[51] 史定华，王松瑞. 故障树分析技术方法和理论 [M]. 北京：北京师范大学出版社，1993.

[52] 苏世彬，黄瑞华. 合作联盟知识产权专有性与知识共享性的冲突研究 [J]. 研究与发展管理，2005，17 (5)：69 – 74，86.

[53] 唐中君，陈荣秋，纪雪洪. 基于 TRIZ 的生产方式创新模型研究 [J]. 管理评论，2004，16 (10)：32 – 8，50.

[54] 田昕，任工昌. 基于 TRIZ 理论的管理系统冲突研究 [J]. 机械

设计与制造，2006（11）：160－2.

［55］汪寿阳. 冲突分析的权衡比较法《科学决策与系统工程》［M］. 北京：中国科学技术出版社，1990.

［56］王保进. 窗口版 SPSS 与行为科学研究［M］. 台北：心理出版社，2002.

［57］王亮申，孙峰华. TRIZ 创新理论与应用原理［M］. 北京：科学出版社，2010.

［58］王琦，杜永怡，席酉民. 组织冲突研究回顾与展望［J］. 预测，2004，23（3）：74－80，26.

［59］王涛. 基于社会资本的知识链成员间相互信任机制研究［D］. 成都：四川大学，2007.

［60］王晓明，王浣尘，陈明义. 社会系统中的冲突问题和分析方法研究［J］. 软科学，2002（2）：2－5，10.

［61］王意冈，席酉民. 事态预测的冲突分析方法［J］. 预测，1989（2）：28－33.

［62］吴明隆. 问卷统计分析实务——SPSS 操作与应用［M］. 重庆：重庆大学出版社，2010.

［63］谢龙. 不同模式下产学研联盟运行机制研究［D］. 哈尔滨：哈尔滨理工大学，2008.

［64］徐克庄. TRIZ 理论的研究应用概况［J］. 杭州化工，2008（3）.

［65］徐昕. 南方建材股份有限公司校企合作运作研究［D］. 长沙：湖南大学，2005.

［66］杨红燕，陈光，顾新. TRIZ 创新方法的应用推广及问题对策［J］. 情报杂志，2010，29（S1）：16－18＋25.

［67］杨红燕，陈光，顾新. 基于 TRIZ 的知识链组织间的冲突解决案例分析［J］. 科技进步与对策，2011，28（21）：127－131. 2011 年 11 月 10 日.

［68］杨红燕，陈光. 企业－大学知识链冲突管理知识库构建研究［J］. 科技管理研究，2016，36（14）：95－100，106. 2016 年 7 月 20 日.

［69］杨红燕，顾新，陈光. 基于 TRIZ 的企业－学校知识链冲突解决

研究［J］. 情报杂志，2011，30（8）：17－21. 2011 年 8 月 18 日.

［70］杨红燕，顾新，陈光. 基于 TRIZ 的企业－学校知识链关键冲突识别研究［J］情报杂志，2011，30（11）：125－130，2011 年 11 月 18 日出版.

［71］杨红燕，吴绍波. 企业－大学知识链冲突定义工具研究［J］. 科技进步与对策，2016，33（24）：129－133. 刊出日期，2016－12－25.

［72］杨清亮. 发明是这样诞生的：TRIZ 理论全接触［M］. 北京：机械工业出版社，2006.

［73］易玉，刘祎楠. 产学研合作中的知识产权问题研究［J］. 工业技术经济，2009（7）：7－10.

［74］尹学萍. "矛盾学说"与"冲突理论"相关问题比较研究［J］. 华中理工大学学报（社科版），1996，4：8－11.

［75］余民宁. 潜在变项模式——SIMPLIS 的应用［M］. 台北：高等教育，2006.

［76］余雅风. U/I 协同学习—创新系统的要素及其函数关系模型［J］. 系统工程，2003（2）：34－8.

［77］袁健红，施建军. 技术联盟中的冲突、沟通与学习［J］. 东南大学学报（哲学社会科学版），2004，6（4）：56－61.

［78］张朋柱，方程，万百五. 组织内冲突的重复对策模型［J］. 管理科学学报，2002，5（2）：6－13.

［79］张润彤，蓝天. 知识管理导论［M］. 北京：北京高等教育出版社，2005.

［80］张双武，讲美仕. 知识产权薄荷与科技成果转化的冲突及其协调［J］. 湖南大学学报（社会科学版），2002，16（4）：83－5.

［81］张武城. 技术创新方法［EB/OL］. 2008［2011－8－1］. http：//www. google. cn/search？ hl＝zh－CN&q＝CREAX＋Innovation＋Suite＋3.1＋%E5%93%AA%E4%B8%AA%E5%85%AC%E5%8F%B8%E7%9A%84&meta＝&aq＝f&oq＝.

［82］张勇，张玉忠，李宪印. 跨国企业组织间冲突策略选择与案例研究［J］. 商业研究，2006，24（356）：89－93.

［83］赵文燕，张换高，檀润华．TRIZ 在管理流程优化中的应用［J］．工程设计学报，2008（2）．

［84］赵新军．技术创新理论（TRIZ）及应用［M］．北京：化学工业出版社，2004．

［85］周晶晶，龙君伟．虚拟企业的文化冲突与共融［J］．科学与管理，2007，27（10）：50 - 2．

［86］周晓玲．冲突分析及其在市场决策中的应用［J］．数理统计与管理，1995，14（6）：5 - 8．

［87］周竺，黄瑞华．产学院合作中的知识产权冲突及协调［J］．研究与发展管理，2004，16（1）：90 - 4．

［88］朱勇，吴易风．技术进步与经济的内生增长—新增长理论发展评述［J］．中国社会科学，1999（1）：21 - 2．

［89］竹内高弘高，野中郁次郎．知识创造的螺旋：知识管理理论与案例研究［M］．李萌，译．北京：知识产权出版社，2006．

［90］AGHION P，TIROLE J. The Management Of Innovation［J］. Quarterly Journal of Economics，1994，109：1185 - 209．

［91］AHA D W，BECERRA - FERNANDEZ I，MAUFER F，et al. Exploring synergies of knowledge management and case-based reasoning［M］. AAAI 1999 Workshop. Menlo Park，CA：AAAI Press，1999．

［92］ALLEE V. The knowledge evolution：expanding organizational intelligence［M］. Woburn，MA：Butterworth - Heinemann，1997．

［93］ALLEN B P. Cae-based resoning：business applications［J］. Communication of the ACM，1994，37（3）：40 - 2．

［94］ALLEN J，JAMES A D，GAMLEN P. Formal versus informal knowledge networks in R&D：a case study using social network analysis［J］. R&D Management，2007，37（3）：179 - 96．

［95］ALLESCH J. A Holistic Approach to Technology Transfer；proceedings of the The First International Forum on Technology Management，F，1990［C］．

［96］AMABILE T M. Creativity in Context［M］. Boulder，CO：Westview

Press, 1996.

[97] AMKIT A, SUNDEEP K, TUHINA S, et al. How the Celebrated TOYOTA Production System is a TRIZ Derivative [J/OL]. 2005, http: // www. triz-journal. com/archives/2005/12/06. pdf.

[98] ANDERSON E, WEITZ B. The use of pledges to build and sustain commitment in distribution channels [J]. Journal of Marketing Research 1992, 24 (1): 18 – 34.

[99] BAINES P R, BRENNAN R, GILL M, et al. Examining the Academic/ Commercial Divide In Marketing Research [J]. European Journal of Marketing, 2009, 43 (11/12): 1289 – 99.

[100] BART V. University research, intellecutual property rights and european innovation systems [J]. Journal of Economic Surveys, 2006, 20 (4): 607 – 32.

[101] BASAR T, OLSDER G J. Dynamic Noncooperative Game Theory [M]. London: Academic Press, 1982.

[102] BIONDO M, GRECO G, SANITA M. The Role of Universities in Developing Innovation in SMEs: An Experience of Co-operation in Reply to the Complexity of Innovation Processes [C]. Proceedings of the 25th European Small Business Seminar. Cyprus: F, 1995.

[103] BLAKE R, MOUTON J S. The Managerial Grid [M]. Huston, TX: Gulf, 1964.

[104] BLALOCK H M, JR. Power and Conflict: Toward a General Theory [M]. Newbury Park: Sage, 1989.

[105] BOARDMAN P C. Beyond the stars: the impact of affiliation with university biotechnology centers on the industrial involvement of university scientists [J]. Technocation, 2008, 28: 291 – 7.

[106] BOGLER R. University researchers' views of private industry-implications for educational administrators-academicians and the funding sources [J]. Journal of Educational Administration, 1994, 32 (2): 68 – 85.

[107] BOURDIEU P, ACQUANT L. Invitation to Reflexive Sociology [M].

Chicago: University of Chicago Press, 1992.

[108] BRESCHI S, LISSONI F. Knowledge spillovers and local innovation systems: a critical survey [J]. Industrial and Corporate Change, 2001, 10 (4): 975 – 1005.

[109] BRUNNEL J, D'ESTE P, SALTER A. Investing the factors that diminish the barriers to university-industry collaboration [J]. Research Policy 2010, 39: 858 – 68.

[110] BURT R S, HOGARTH R M, MICHAUD C. The Social Capital of French and American Managers [J]. Organization Science, 2000 (11): 123 – 47.

[111] CAROLIN PLEWA, QUESTER P. A dyadic study of "Champions" in university-industry relationships [J]. Asia Pacific Journal of Marketing and Logistics, 2008, 20 (2).

[112] CHOY K L, FAN K K H, LO V. Development of an Intelligent Customer-supplier Relationship Management System: the Application of case-based reasoning [J]. Industrial Management & Data Systems, 2003, 103 (4): 263 – 74.

[113] CHOY K L, LEE W B. Multi-agent-based Virtual Enterprise Supply Chain Network for Order Management [J]. Journal of Industrial Engineering Research, 2001, 2 (2): 126 – 41.

[114] CHRISTENSEN J F. Corporate strategy and the management of innovation and technology [J]. Industrial and Corporate Change, 2002, 11: 263 – 88.

[115] CHRISTIAN R Q. Knowledge flows through social networks in a Cluster: comparing university and industry links [J]. Structural Change and Economic Dynamics, 2009, 20: 196 – 210.

[116] COHEN W M, LEVINTHAL D A. Absorptive capacity: a new perspective on learning and innovation [J]. Administrative Science Quarterly, 1990, 35: 128 – 52.

[117] COLEMAN J. Social capital in the creation of human capital [J].

Amercian Journal of Sociology, 1988 (94): 595 – 121.

[118] CONTI A. Development of university research with or without industry: an analysis of the factors affecting academic researcher's choice [J]. Manuscript Ecole Polytechnique Fédérale de Lausanne, 2008.

[119] COUCHMAN P K, FULOP L. Risk in cross-sector R&D collaboration [M]. R&D Management Conference. Wellington, 2001.

[120] CRESPI G A, ALDO G, ONDER N, et al. University IPRs and knowledge transfer: is university ownership more efficient? [J]. 2010, 19 (7): 627 – 48.

[121] CRESPIA G A, GEUNAB A, NOMALERE Ö, et al. University IPRs and knowledge transfer: is university ownership more efficient? [J]. Economics of INnovation and New Technology, 2010, 19 (7): 627 – 48.

[122] DAVENPORT T, PRUSAK L. Working Knowledge: How Organizations Manage What They Know [M]. Boston, MA: Harvard Business School Press, 1998.

[123] DECTER M H. Comparative Review of UK – USA Industry – University Relationships [J]. Education + Training, 2009, 51 (8/9): 624 – 34.

[124] DELANEY J T, HUSELID M A. The impact of human resource management practices on perceptions of organizational performance [J]. Academy of Management journal, 1996, 39 (4): 949 – 69.

[125] DEUTSCH M. Sixty Years of Conflict [J]. The International Journal of Conflict Management, 1990, 1: 237 – 63.

[126] DIAMANTOPOULOS A, SIGUAW J A. Introducing LISREL: A guide for the uninitiated. [M]. Thousand Oaks. CA: Sage, 2000.

[127] DOLLINGER M J, GOLDEN P A. Interorganizational and collective strategies in small firms: Environmental effects and performance [J]. Journal of Management, 1992, 18 (4): 695 – 715.

[128] DORTMUND U. Forschung erfolgreich vermarkten: Ein Ratgeber für die Praxis [M]. Berlin: Springer DE, 2003.

[129] DOURSON S. The 40 Inventive Principles of triz Applied to Finance

[J/OL]. 2004 (10): http: //www. triz-journal. com/archives/2004/10/.

[130] DUTTA S, WIERENGA B, DALEBOUT A. Case-based Reasoning Systems: from Automation to Decision Aiding and Simulation [J]. IEEE Transactions on Knowledge and Data Engineering, 1997, 9 (6).

[131] EDELSON D C, DOMESHEK E A. Proceedings of the International Conference on the Learning Sciences [M] //KOLODNER J, HMELO C E, NARAYANAN N H. Prombelm-based learning meets case-based reasoning. Evanston, IL: Northwestern University Press, 1996.

[132] ESTIME M, DRIHON G, JULIEN P. Small and Medium – Sized Enterprises: Technology and Competitiveness [M]. Paris: OECD, 1993.

[133] FANG L, HIPEL K W, KILGOUR D M. Interactive Decision Making: The Graph Model for Conflict Resolution [M]. 1993.

[134] FAULKNER W, SENKER J. Knowledge Frontiers: Public Research and Industrial Innovation in Biotechnology, Engineering Ceramics and Parallel Computing [M]. Oxford: Clarendon Press, 1995.

[135] FONTANA R, GEUNA A, MATT M. Firm size and openness: the driving forces of university – Industry collaboration [M]. EARIE Conference 2004. Berlin, 2004.

[136] FRASER N M, HIPEL K M. Conflict Analysis: Models and Resolutions [M]. New York: North – Holland, 1984.

[137] F. – S. VINCENT W. An empirical study of university-industry research cooperation-the case of Taiwan [C]. The workshop of the OECD – NIS Focus on Innovation Firm and Networks. Rome, 2000.

[138] GARCIA J, DUTSCHKE G, PETRUCCI M. The hofstede model in the study of the impact of Sevilla expo 92 [J]. Revista de Turismo y patrimonio cultural (PASOS), 2008, 6 (1): 27 – 36.

[139] GEISLER E, FURINO A, KIRESUK T J. Toward a Conceptual Model of Cooperative Research: Patterns of Development and Success in University – Industry Alliances [J]. IEEE Transactions On Engineerging Management, 1991, 38 (2): 136 – 45.

[140] GELIJNS I C M C A, MAZZOLENI R, ROSENBERG'BHAVEN R R N N, et al. How Do University Inventions Get Into Practice? [J]. MANAGEMENT SCIENCE, 2002, 48 (1).

[141] GEUNA A, NESTA L J. University patenting and its effects on academic research: The emerging European evidence [J]. Research Policy, 2006, 35 (6): 790 – 807.

[142] GILS M V, VISSERS G, WIT J D. Selecting the right channel for knowledge transfer between industry and science consider the R&D – Activity [J]. European Journal of Innovation Management, 2009, 12 (4): 492 – 511.

[143] GIULIANI E. The selective nature of knowledge networks in clusters: evidence from the wine industry [J]. Journal of Economic Geography, 2007, 7: 139 – 68.

[144] GOLDFARB B, HENREKSON M. Bottom-up versus top-down policies towards the commercialization of university intellectual property [J]. Research Policy, 2003, 32: 639 – 58.

[145] GOMES J F S, HURMELINNA P, AMARAL V, et al. Managing relationships of the republic of science and the kingdom of industry [J]. Journal of Workplace Learning 2005, 17: 88 – 98.

[146] G. ALTSHULLER, B. ZLOTION, A. ZUSMAN, et al. 创新问题解决事件 [M] //姜台林. 桂林: 广西师范大学出版社, 2008.

[147] HAIR J F J, ANDERSON R E, TATHAM R L, et al. Multivariate data analysis (5th ed.) [M]. Upper Saddle River, NJ: Prentice Hall, 1998.

[148] HALL B H. University-industry research partnerships and intellectual property [C]. Proceedings of the NSF – CISTP Workshop. October, F, 2001.

[149] HEMLIN S. Creative Knowledge Environments: An Interview Study with Group Members and Group Leaders of University and Industry R&D Groups in Biotechnology [J]. Creativity and Innovation Management, 2009, 18 (4).

[150] HENDRY C, BROWN J, DEFILLIPPI R. the Role of Government, University and Research Centres in Fostering Innovations in SMEs: A Three Country Study of OPTO – Electronics [M]. 27th European Small Business

Seminar. Rhodes, 1997: 76 – 88.

[151] HERTZFELD H R, LINK A N, VONORTAS N S. Intellectual property protection mechanisms in research partnerships [J]. Research Policy 2006, 35: 825 – 38.

[152] HIPEL K W, FRASER N M. Solving Complex Conflicts [J]. IEEE Trans, 1979, 9 (12).

[153] HITT M A, IRELAND R D, SANTORO M. Developing and managing strategic alliances, building social capital and creating value [M] // GHOBADIAN A, O'REGAN N, GALLEAR D, et al. Strategy and Performance: Achieving Competitive Advantage in the Global Marketplace. Houndmills: Palgrave Macmillan, 2003.

[154] HOLLINGSWORTH R, HOLLINGSWORTH E J. Major Discoveries and Biomedical Research Organizations: Perspectives on Intergrated Structure and Cultures [M] //WEINGART P, STEHR N. Practicing Interdisciplinarity. Toronto: University of Toronto Press. 2000.

[155] Hongyan Yang, Empirical Analysis on the University – industry Knowledge Chain Conflict Reasons, Revista Ibérica de Sistemas e Tecnologias de Informaçäo (RISTI), 2016, (E8): 39 – 48.

[156] HOWARD N. Paradoxes of Rationality [M]. Cambridge MA: MIT Press, 1971.

[157] HUBERTY C J, MORRIS J D. A single contrast test procedure [J]. Educational and Psychological Measurement, 1988, 48: 567 – 78.

[158] HUTCHINGS K. Examining the impacts of institutional change on knowledge sharing and management learning in the People's Republic of China [J]. Thunderbird International Business Review, 2005, 47 (4): 447 – 68.

[159] JELINEK M, MARKHAM S. Industry-university IP relations: Integrating Perspectives And Policy Solutions [J]. IEEE Transactions in Engineering Management, 2007, 52: 257 – 67.

[160] JOHNSON D E L. Knowledge Management is New Competitive Edge [J]. Healthcare Strategic Management 1998, 16 (7): 2 – 3.

[161] JONES B. University challenge-collaboration between industry and academia [J]. Institution of Engineering & Technology, 2010, 5: 55 - 7.

[162] JORDAN J. Controlling knowledge flows in international alliances [J]. European Business Journal, 2004, 16 (2): 70 - 1.

[163] KAPPOTH P, MITTAL K, BALASUBRAMANIAN P. Case Study: Use TRIZ to Solve Complex Business Problems [J/OL]. 2008, http://www. triz-journal. com/archives/2008/10/02/.

[164] KILGOUR D M, HIPEL K M, FANG L. The Graph Model for Conflicts [J]. Automatic, 1987 (23): 41 - 55.

[165] KIM J, PARK Y. Systematic Clustering of Business Problems [J/OL]. 2008 (12): http://www. triz-journal. com/archives/2008/12/03/.

[166] KNUDSEN M P. Patterns of technological competence accumulation: a proposition for empirical measurement [J]. Industrial and Corporate Change, 2005, 14: 1075 - 108.

[167] KOGUT B, ZANDER U. Knowledge of the Firm and the Evolutionary Theory of the Multinational Corportion [J]. journal of International Business Studies, 1993, 24 (4): 625 - 45.

[168] KOLODNER J. Case-based Reasoning [M]. San - Mateo, CA: Morgan Kaufmann, 1993.

[169] LEAKE D B. Case-based Reasoning: Experience, Lessons and Future Directions [M]. Menlo Park: AAAI Press, 1996.

[170] LEENDERS R T A J, ENGELEN J M L V, KRATZER J. Systematic Design Methods and the Creativ Performance of New Product Teams: Do They Contradict or Complement Each Other? [J]. Journal of Product Innovation Management, 2007 (24): 166 - 79.

[171] LENZ M, BARTSCH - SPORL B, BURKHARD H - D, et al. Case-based Reasoning Technology: from Foundation to Applications [M]. Lecture Notes In AI # 1400. Berlin: Springer - Verlag, 1998.

[172] LEWICKI R J, MCALLISTOR D J, BLIES R J. Trust and distrust: new relationships and realities [J]. Journal of the Academy of Marketing Science,

1998，25（3）：201 –13.

［173］ LISSONI F. Knowledge codification and the geography of innovation：the case of Brescia mechanical cluster［J］. Research Policy, 2001, 30：1479 –500.

［174］ LOCKETT A, SIEGEL D, WRIGHT M. The Creation of Spin-off Firms at Public Research Institutions：Managerial and Policy Implications［J］. Research Policy, 2005, 34：981 –93.

［175］ LOGAR C M, PONZURICK T G, SPEARS J R, et al. Commercializing Intellectual Property：A University – Industry Alliance for New Product Development［J］. Journal of Product &Brand Management, 2001, 10（4）：206 –17.

［176］ MANN D. 40 Inventive（Business）Principles with Examples［J/OL］. 1999, http：//www. triz-journal. com/archives/1999/09/a/index. htm.

［177］ MANN D. Business Contradictions "Mass Customization"［J/OL］. 1999, http：//www. triz-journal. com/archives/1999/12/a/index. htm.

［178］ MANN D. Hands on Systematic Innovation for Business and Management［M］. Devon：Lazarus Press, 2004.

［179］ MANN D. Systematic Win – Win Problem Solving in a Business Environment［J/OL］. 2002, http：// www. t riz-journal. com/ archives/ 2002/ 05/ f/ index. htm.

［180］ MARRI H B, GUNASEKARAN A, KOBU B, et al. Government – Industry – University Collaboration on the Successful Implemention of CIM in SMEs：and Empirical Analysis［J］. Logistics Information Management, 2002, 15（2）：105 –14.

［181］ MCCOY J M, EVANS G W. The Potential Role of The Physical Environment in Fostering Creativity［J］. Creativity Research Journal, 2002（14）：409 –26.

［182］ MEREDITH S, BURKLE M. Building Bridges Between University and Industry：Theory and Practice［J］. Education + Training, 2008, 50（3）：199 –215.

[183] MEYER J P, ALLEN N J. A three-component conceptualization of organizational commitment [J]. Human Resources Management Review, 1991, 1 (1): 61 – 89.

[184] MOORMAN C, ZALTMAN G, DESHPANDE R. Relationships between providers and users of market research: the dynamics of trust within and between organizations [J]. Journal of Marketing Research, 1992, 24 (3): 314 – 28.

[185] MOVARREI R, VESSAL S R. Theory of Inventive Problem Solving TRIZ applied in Supply Chain Management of petrochemical project [J/OL]. 2007, http: //ieeexplore. ieee. org/stamp/stamp. jsp? arnumber = 04419467.

[186] NONAKA I, KONNO N. The Concept of "ba": Buliding a Foundation for Knowledge Creation [J]. California Management Review, 1998, 40 (3): 40 – 54.

[187] NONAKA I. The Knowledge – Creating Company: How Japanese Companies Create the Dynamics of Innovation: How Japanese Companies Create the Dynamics of Innovation [M]. Oxford: Oxford university press, 1995.

[188] PANTELI N, SOCKALINGAM S. Trust and conflict within virtual inter-organiational alliances: a framework for facilitating knowledge sharing [J]. Decision Support Systems, 2005, 39: 599 – 617.

[189] PAWAR K S, HAQUE B U, BELECHEANU R A, et al. Towards the application of Case-based Reasoning to decision making in current product development (concurrent engineering) [J]. knowledge-based Systems, 2000, 13: 101 – 12.

[190] PETER J L, MICHAEL L. Relative Absorptive Capacity and Interorganizational Learning [J]. Strategic Management Journal, 1998 (19): 461 – 77.

[191] PETROV V. Timeline of the Development of TRIZ and Gerich Altshuller [J/OL]. 2008, http: //www. triz-journal. com/archives/2008/11/ 06/.

[192] PHILBIN S. Process model for university-industry research collabora-

tion [J]. European Journal of Innovation Management, 2008, 11 (4): 488 – 520.

[193] PLEWA C, QUSTER P. A Dyadic Study of "Champions" in University – Industry Relationships [J]. Asia Pacific Journal of Marketing and Logistics, 2007, 20 (2): 211 –26.

[194] PLEWA C, QUSTER P. Key Drives of University – Industry Relationships: the Role of Organizational Compatibility and Personal Experience [J]. Journal of Service Marketing, 2007, 21 (5): 370 – 82.

[195] POLYANI M. The Tacit Dimension [M]. London: Routledge&Kegan Paul, 1966.

[196] PONDY L R. Organizational Conflict: Concepts and Models [J]. Administrative Science Quarterly, 1967, 12: 296 – 320.

[197] PORTS A. The Economic Sociology of Immigration: A Conceptual Overview [M] //PORTS. The Economic Sociology for Immigration: Essays on networks, Ethnicity and Entrepreneurship. New York: Russell Sage Foundation, 1995: 12.

[198] PUTMAN R. Makeing Democracy Work [M]. Princeton: Princeton University Press, 1993.

[199] RAHIM M A, BONOMA T V. Managing organizational conflict: a model for diagnosis intervention [J]. Psychological Reports, 1979, 44: 1323 – 44.

[200] RAHIM M A. Managing Conflict in Organization [M]. New York: Praeger Publisher, 1992.

[201] RAPPERT B, WEBSTER A, CHARLES D. Making sense of diversity and reluctance: academic-industrial relations and industrial property [J]. Research Policy, 1999, 28 (8): 873 –90.

[202] RETSEPTOR G. 40 Inventive Principles in Marketing, Sales and Advertising [J/OL]. 2005 (4): http: //www. triz-journal. com/archives/2005/04/01. pdf.

[203] RETSEPTOR G. 40 Inventive Principles in Quality Management [J/

OL]. 2003, http：／／www. triz-journal. com ／archives／ 2003／ 03／ a／ 01. pdf.

[204] RETSEPTOR G. INventive Principles in Customer Satisfaction Enhancement [J/OL]. 2007, http：//www. triz-journal. com/archives/2007/01/04/.

[205] RETSEPTOR G. triz and 40 Business Survival Imperatives [J/OL]. 2008, http：//www. triz-journal. com/archives/2008/09/04/.

[206] RHODES J, HUNG R, LOK P, et al. Factors Influencing Organizational Knowledge Transfer：Implication for Corporate Performance [J]. Journal of Knowledge Management, 2008, 12 (3)：84 – 100.

[207] RIVERA – VAZQUEZ J C, ORTIZ – FOURNIER L V, FLORES F R. Overcoming cultural barriers for innovation and knowledge sharing [J]. Journal of Knowledge Management, 2009, 13 (5)：257 – 70.

[208] RONIT B. University researchers' views of private industry-implications for educational administrators-academicians and the funding source [J]. Journal of Educational Administration, 1994, 32 (2)：68 – 85.

[209] ROSENKILDE M. Fou-samarbejder mellem universiteter og virksomheder [J]. Danish Centre for Research Analysis, Aarhus, 2004.

[210] RUBIN J Z. Models of Conflict Management [J]. Journal of Social Issues, 1994, 50：33 – 45.

[211] RUCHTI B. TRIZ – based Innovation Principles and a Process for Problem Solving in Business and Management [J/OL]. 2001, http：//www. triz-journal. com/archives/2001/12/c/index. htm.

[212] R. P B, Y Y. On the evaluation of structural eqation models [J]. Journal of the Academy of Marketing Science, 1988, 16 (1)：74 – 9.

[213] SANCHEZ R, HEENE A, THOMAS H. Introduction：Towards The Theory And Practice Of Competence – Based Competition [M]. Dynamics of Competence-based Competition：Theory and Practice in the New Strategic Management. Oxford：Pergamon, 1996.

[214] SCHANK R C. Dynamic Memory Revisited [M]. New York：Cambriage University Press, 1999.

[215] SCHUMACKER R E, LOMAX R G. A beginner's guide to structural equation modeling [M]. Mahwah, NJ: Lawrence Erlbaum Associates, 1996.

[216] SHIN M, HOLDEN T, SCHMIDT R A. From Knowledge Theory to Management Practice: Towards and Integrated Approach [J]. Information Processing and Managment 2001, 37 (2): 335 – 55.

[217] SIAKAS K V, GEORGIADOU E. Knowledge sharing: cultural dynamics [C]. The Proceedings of 7th European Conference of Knowledge Management (ECKM06), Public Academic Conferences, F, 2006.

[218] SLOCUM D M, DOMB E. Software Review: Crea TRIZ 2. 2 and Crea TRIZ 2. 2 for Business and Management [J/OL]. 2002, http: //www. triz-journal. com/archives/2002/03/g/index. htm.

[219] SPARROW J, TARKOWSKI K, LANCASTER N, et al. Evolving Knowledge Intergration and Absorptive Capacity Perspectives Upon University – Industry Interaction Within a University [J]. Education + Training, 2009, 51 (8/9): 648 – 64.

[220] SPEAKMAN J, RYALS L. A Re-evaluation of Conflict Theory for the Management of Multiple, Simultaneous Conflict Episodes [J]. International Journal of Conflict Management, 2010, 21 (2): 186 – 201.

[221] SPINELLO R A. The Knowledge Chain [J]. Business Horizons, 1998, November – December: 4 – 14.

[222] TAKEMURA M. triz Introduction in Airlines Airport Management Division [J/OL]. 2002, http: / / www. triz-journal. com/ archives/ 2002/ 07/ c/ index. htm.

[223] TAN C W, PAN S L, LIM E T K, et al. Managing knowledge conflicts in an inter-organizational project: a case study of the infocomm development authority of Singapore [J]. Journal of the American Society for Information Science and Technology, 2005, 56911: 1187 – 99.

[224] TERNINKO J. 40 Inventive Principles with Social Examples [J/OL]. 2001 (6): http: / / www. triz-journal. com/ archives / 2001/06/ a/ index. htm.

[225] THOMAS K W. Conflict and Conflict Management [M] //DUN-NETTE M D, HOUGH L M. Handbook of Industrial and Organizational Psychology. Palo Alto: Consulting Psychologists Press, 1976: 889 – 935.

[226] TOKE B. University – Industry Collaboration Strategies: A Micro – level Perspective [J]. European Journal of Innovation Management, 2009, 12 (2): 161 – 76.

[227] VAN DE VEN A H, RING P S. Relying on trust In cooperative inter-organizational relationships – Handbook of Trust Research [M]. Northampton, MA: Edward Elgar Publishing, 2006.

[228] WALL J A, JR, R C R. Conflict and its Management [J]. Journal of Management, 1995, 21 (3): 515 – 58.

[229] WANG C, FERGUSSON C, PERRY D. A Cconceptual case-based model for knowledge sharing among supply chain members [J]. Business Process Management, 2008, 14 (2): 147 – 65.

[230] WANG F – K, MEANS T, JOHN W. Flying the KITE (knowledge innovation for technology in education) through a case-based reasoning knowledge repository [J]. On The Horizon, 2003, 11 (2): 19 – 31.

[231] WASTON I. Applying Case-based Reasoning: Techniques for Enterprise Systems [M]. San Francisco, CA: Morgan Kaufmann Publishers, 1997.

[232] WELSH R, GLENNA L, LACY W, et al. Close enough but not too far: Assessing the effects of university-industry research relationships and the rise of academic capitalism [J]. Research Policy, 2008, 37 (10): 1854 – 64.

[233] WILLIAMS F, GIBSON D V. Technology Transfer: A Communication Perspective [M]. Newbury Park, CA: Sage Publication, 1990.

[234] WONG C L, TJOSVOLD D, LEE F. Managing Conflict in a Diverse Work Force A Chinese Perspective in North America [J]. Small Group Research, 1992, 23 (3): 302 – 21.

[235] WU C. Case Study – Knowledge Creation in a Supply Chain [J]. Supply Chain Management: An International Journal 2008, 13 (3): 241 – 50.

[236] XU Q, CHI R. Comparing R&D Consortia in Taiwan and the Chinese

Mainland [J]. European Business Review, 2009, 21 (5): 481 –97.

[237] YOON H. Pointers to Effects for NON – technical Problem Solving [J/OL]. 2009, http: //www. triz-journal. com/archives/2009/03/03/.

[238] ZHANG J, CHAI K – H, TAN K – C. 40 Inventive Principles with Applications in Service Operations Management [J/OL]. 2003 (12): http: // www. triz-journal. com/archives/2003/12/d/04. pdf.

后　记

首先，我要感谢我博士期间的导师顾新教授。顾老师积极上进、治学态度严谨以及自我管理能力强，这些高贵的品质深深地影响着我，激励我在以后的人生道路上，更加专心学习，奋发图强。在此，我要向恩师表示深深的谢意！

其次，我要感谢我硕士期间的导师陈光教授。老师是我学术生涯的启蒙老师，他的思想、精神以及为人都深深地影响着我，他一直是我人生榜样，他也是我的忘年之交！他知识渊博、学术造诣深厚，他宽容、大度，有着很高的精神境界，我的生命中能遇到这样一位恩师，真乃我之幸！在此书的形成过程中，老师给予了很多的指导、帮助和意见，在此，深深地感谢我的恩师！

再次，感谢施琴芬研究员以及创新团队的成员在本书拓展的过程中给予的指导、建议和帮助！施老师，是我工作期间的领导，她治学严谨、知识渊博、学术造诣深，她的时间管理能力和自我管理能力是我至今碰到的最强的人，她的这些高贵的品质给了我很大的触动，也使我改变了很多。在此，深深感谢施老师的无私付出和教诲！

感谢博士期间的吴绍波师兄，谢谢你毫无保留地与我分享研究方法和研究心得；感谢硕士期间的王永杰师兄，您给予了我太多太多的帮助！感谢王伯鲁教授细致的指导！

最后，要感谢我的家人。感谢我的父母在此书的形成过程中，帮助我照顾嗷嗷待哺的女儿，如果没有你们的付出，你们辛劳，我就没有充裕的时间来完成此书，感谢我的丈夫丁功伟先生，是你一直以来的理解和支持，才能使我奋斗到最后；感谢我的女儿，是你的可爱、活泼，生命力给予了我正能量！

感谢所有在我的人生道路上给予我关心、支持和帮助的人，真的，衷心感谢您们！

杨红燕

2017 年 10 月